Charles LEROM

COMMENT

A LA FIN DU XIX' SIÈCLE

ON ENTENDAIT GOUVERNER

2ᵐᵉ FASCICULE

PRIX : FR. 0,25

GAND

IMPRIMERIE F. MEYER-VAN LOO

1903

Charles **LEROM**

COMMENT

A LA FIN DU XIX' SIÈCLE

ON ENTENDAIT GOUVERNER

2ᵐᵉ FASCICULE

AVANT-PROPOS.

Ma dernière brochure n'a pas eu le résultat que j'en attendais. Le public l'a lue comme les feuillets détachés d'un roman, n'ayant d'autre but que de distraire le désœuvré.

J'ai reçu votre brochure, me dit un lecteur; elle m'a intéressé. Pas d'indignation pour le crime, la spoliation, la torture. La justice agit ou fait la sourde oreille, le public s'en lave les mains; ce n'est pas son affaire; et en réalité il aurait raison, si vraiment la justice rendait ses sentences. Mais, en ce qui me concerne, elle n'en fait rien.

Je me suis rendu en personne chez un des plus hauts dignitaires de la Cour et l'ai mis au courant du tourment qu'on m'infligeait. Je croyais qu'il allait me donner un conseil ou me recommander à un défenseur dévoué. Pas du tout; m'adressant à un magistrat, j'avais droit à un avis juridique; je reçus la réponse d'un moine.

Levant la main au ciel, il n'eut que ces seuls mots à me répondre : Dieu vous jugera.

Il y a de cela une douzaine d'années et le jugement n'est pas encore rendu. En fait, les droits de l'homme, la loi, les codes, sont lettres mortes; les politiciens se sont substitués aux plaideurs de la fable, en attendant le jugement dernier.

L'AUTEUR.

Notre père a sacrifié sa progéniture aux exigences de la société moderne. Il avait sept enfants, dont s'x fils, qu'il mit au travail dès leur enfance, quoiqu'il eût pu, comme bien d'autres, leur conseiller la vie paisible du désœuvré. En agissant ainsi, il s'écartait des routes tracées et je n'ai pas vu d'autres exemples de cette espèce chez des familles, appartenant à la même classe de la Société.

Il tenait surtout à arracher ses enfants à l'oisiveté, leur laissant le choix entre les diverses carrières qui s'offraient à leur activité. Nulle ne semblait, à ses yeux, l'emporter sur ses voisines et mériter de sa part le moindre encouragement. Elles avaient toutes leurs avantages et leurs inconvénients ; les plus rémunératrices avaient cependant ce privilège, disait-il, de nous permettre un mariage plus conforme à nos goûts. Les arts, auxquels nous avions sacrifié un si précieux temps dans notre jeunesse, devaient être relégués finalement à l'arrière plan, pour faire place à des travaux plus sérieux. Plein d'attachement pour ses enfants, il ne cessait de prêcher la concorde au sein du ménage et ne manquait jamais l'occasion de nous donner l'exemple des concessions qu'il faut faire pour la maintenir.

Autant pour lui plaire que par sympathie mutuelle, nous nous sommes, entre frères, depuis notre tendre enfance, prêté un mutuel appui ; comment se fait-il que cette entente ait cessé, à un certain moment, tout juste, peu de temps après la mort de notre père ?

Je laisse à d'autres d'en découvrir les motifs. A mon avis, on ne voulait pas faire de la peine à un brave chef de famille dans ses vieux jours et lui laisser entrevoir, qu'en mettant ses enfants au travail, il les avait entraînés dans une voie dangereuse, étant donné l'état actuel de la Société. On le laissa se séparer de ses enfants avec la consolation de leur avoir assuré à tous le meilleur sort, tandis que, sous main, on préparait la désorganisation de son œuvre, où jamais la politique ne joua le moindre rôle.

La désorganisation ne se fit pas attendre. Sans motifs appréciables aux yeux du public, le fruit de nombreuses années de travail fut anéanti tandis qu'au sein de la famille, à l'entente cimentée par un père juste et délicat, succédaient la dissimulation et le plus repoussant égoïsme.

Ceci est d'ailleurs de peu d'importance. Ce qu'il nous importe de constater, c'est que l'entente a cessé, non accidentellement, comme cela arrive souvent en famille, mais à la suite d'un plan tracé longtemps à l'avance et dont les conséquences étaient prévues : qui veut la fin, veut les moyens.

Créez, travaillez, libre à vous d'agir à votre guise; à nous le droit de tout renverser, quelles que puissent en être pour vous les conséquences.

Je ne puis ici entrer dans des détails intimes, expliquer les faits, indiquer les lieux, citer les noms.

L'étranger même s'y est compromis et j'ai honte de le dire, ma propre famille s'y est lâchement salie.

En somme, qu'a t on voulu? Faire du mal en pure perte, sous prétexte d'accident ? Evidemment non; quoique les querelles soient fréquentes au sein de la Société, il n'y avait dans l'occurence aucun sujet réel de dissension. Chacun chez nous travaillait et ne donnait lieu à aucun désordre. Un état pareil ne pouvait durer, puisqu'il était entendu qu'il fallait faire servir cette activité personnelle à un résultat politique beaucoup plus rémunérateur dans la suite. Il fallait surtout faire pièce au nouveau régime, tendant à mettre les désœuvrés à l'ouvrage et à la honte des partisans du travail, j'ai le regret de le dire, en cette occasion ils ont failli à leur devoir. Ici, comme toujours, l'intérêt l'a emporté sur le bon sens et les hommes d'affaires ont préféré le sacrifice de leurs opinions à celui de leur bourse et de leur popularité.

Le labeur de l'homme est sacré; c'est son capital à lui, qu'il faut respecter, comme l'immeuble du propriétaire; à ce dernier on ne peut toucher parceque la loi est là pour le défendre. Le travailleur, lui, est à la merci de ses rivaux. Ils ne sont pas dangereux, il est vrai, pour l'homme sage qui marche à petits pas et prévoit assez les évènements, pour ne pas être pris à l'improviste; la coalition par contre est bien autrement redoutable.

Nous savons qu'en Amérique, elle tourne parfois à la ruine d'un concurrent, mais nous n'ignorons pas non plus, que lorsque l'entente y est possible, elle a souvent lieu du consentement général. Chez nous, c'est la politique qu'il faut craindre et cela d'autant plus, que sous les formes les plus diverses, suivant des plans tracés longtemps à l'avance, elle nous saisit à l'improviste et sans merci nous assomme.

Élevés à l'école de la subordination non à celle de l'éman
cipation, l'État nous parait notre unique sauveur dans
l'infortune. Mais l'État, depuis qu'il n'y a plus guère de
souverain pour dire : l'État c'est moi, ne peut se montrer
capricieux dans ses faveurs. Il ne lui reste donc que les
trucs pour sauver sa caisse contre les revendications de la
foule. C'est ainsi que l'on voit apparaitre, tour à tour, des
partis nouveaux, prêts à tout renverser, meneurs parfois
inconscients, d'un gouvernement qui tient à effrayer les
contribuables afin d'augmenter son autorité.

Peut-il en être autrement, dans notre état social actuel.
Évidemment non ; quels que soient les partis qui se groupent
afin de saisir les rênes du gouvernement, ils se divisent
toujours en deux fractions distinctes, les conservateurs et les
non conservateurs ; c'est-à-dire, ceux qui veulent le maintien
de la Société, avec les mille modifications de détail que les
circonstances amènent, et les non conservateurs, ceux qui
désirent un redressement complet des abus du passé, redressement qui entraine avec lui, une répartition plus équitable
des richesses. C'est ce dernier groupe que la majorité partout rejette, sans le redouter, parcequ'elle se sent toute
puissante. Elle possède, en effet, ce nerf de la guerre, l'argent,
avec lequel elle renforce son pouvoir au fur et à mesure
qu'il fléchit. C'est elle qui a tort, chaque jour, à toute heure ;
mais quand vit on jamais, un homme riche, se dépouiller de
son avoir, au bénéfice d'un mendiant et se revêtir de ses
haillons ?

Mais, il ne suffit pas d'être puissant, il faut encore con-
server son autorité et faire en sorte que cette domination aux
dépens des moins bien partagés ne leur paraisse pas trop
dure. Il faut, à cet effet, toute une organisation sociale com-
pliquée, dont les rouages n'apparaissent pas au grand jour
et que dirigent quelques initiés. La besogne est délicate, souvent répugnante, toujours pénible, car, depuis que l'esclavage
est aboli, il a fallu trouver autre chose pour le remplacer.
A l'honneur de l'intelligence humaine qui tire parfois de
son cerveau malfaisant quelque étonnante découverte, elle
a su, en partie, résoudre le problème en allégeant notre
tâche.

Malheureusement, elle ne pourra jamais nous placer tous
sur la même ligne. Les degrés de l'échelle sociale resteront
toujours innombrables et ce serait l'anéantissement de la

civilisation, s'il pouvait en être autrement. Des degrés de cette échelle, ceux qui s'y trouvent bien, ne veulent descendre et beaucoup cherchent à monter.

C'est dans cette rivalité de chaque heure, que s'épuisent nos forces. Pour maintenir l'ordre, l'église et l'État luttent de vigilance, mais, qui oserait soutenir que leur discipline et leur rouage sont à l'abri de reproche? Ils sont deux, se jetant mutuellement la pierre, ainsi qu'ils l'ont fait par système à travers les siècles, bien inutilement ma foi, car, la vérité étant une, la même autorité suffit pour la faire respecter.

Que résulte-t-il de cette dualité? Un chaos qu'il est fort difficile de débrouiller dans ses détails, mais que l'on maintient à dessein, parce qu'il contribue à neutraliser l'avidité humaine. Elle entretient la rivalité des partis, donne sans cesse naissance à d'autres groupes qui, faute d'avoir à leur portée les ressources nécessaires, remettent à plus tard la réalisation de leur programme et la distribution des récompenses. S'il n'en était ainsi, on ne croirait plus en Dieu et la caisse serait bientôt vide.

Soit, puisque l'expérience a démontré que la ruse seule guide l'humanité. Mais alors, comment espérer faire dans l'avenir d'honnêtes pères de famille, si vous les mettez dans cette pénible alternative de choisir entre leur propre salut et celui de leurs enfants. Ne voyons nous pas chaque jour des parents inhumains sacrifier sans pitié ceux auxquels ils ont donné le jour et d'autres sans souci de leur avenir, les abandonner aux mille péripéties du destin ?

Si je suis convaincu que le monde ne peut prospérer, l'humanité s'élever, la justice régner en maître, qu'à la condition que tout le monde mette la main à l'œuvre, non dans le tohu-bohu créé par la politique actuelle, basée sur la neutralisation des énergies, mais bien sur l'emploi judicieux de toutes les énergies; si, fidèle à ces convictions, j'élève mes enfants pour le travail, j'ai le droit de les éloigner de la politique, quelle que soit la couleur qu'on lui donne et d'exiger que justice leur soit rendue. C'est ainsi que l'entendait mon père; c'est ainsi, que fidèle à ses principes, j'ai entendu mettre la main à l'œuvre.

S'il faut, pour le bien de l'humanité que les trônes s'écroulent, que les temples soient réduits en poussière, prenons en notre parti, car, nul ne prétendra jamais tenir debout, ce qui ne peut survivre; s'il faut, que de mon propre sang, je féconde le sol, où la politique des temps passés aura rendu le dernier soupir, j'en ferai le sacrifice, jamais je ne serai politicien.

..

Il en est qui me disent : Pourquoi avoir quitté vos fonctions; il fallait rester en place et répéter ces mots célèbres : j'y suis, j'y reste. Mais pourquoi y serais-je resté? pour qui l'aurais-je fait? Pour mes chefs? Mais ils ne tenaient nullement à moi; ils en avaient bien d'autres à mettre à ma place. S'ils m'avaient admis jadis au nombre de leur personnel, ils l'avaient fait surtout en prévision d'un mariage, qui devait, tout en satisfaisant mes désirs, donner à mon existence cette stabilité que réclamaient mes fonctions. Du moment où un mariage n'était pas possible, puisqu'on savait ce qu'il me fallait, et qu'on ne pouvait me le donner, mes fonctions devenaient pour moi une lourde charge et ma personne, un fardeau pour l'administration dont je soignais les intérêts.

Je n'étais d'ailleurs pas fait de cette pâte dont on moule les fonctionnaires. A une époque où tout plie sous le fouet de la politique, quels services aurais-je pu rendre alors que je refusais obstinément, à me mettre au service de cette mégère. Je devais sur ma fortune, répondre chaque jour de plusieurs millions qu'on me donnait en garde et j'avais à fournir régulièrement des états, dont le total des opérations de l'année ne s'élevait pas à moins de huit cent millions. Ce chiffre éblouissant, pour les gens non initiés aux affaires, n'est qu'une bagatelle, dans le mouvement considérable des grands établissements financiers.

Je ne me rendis compte de la responsabilité qui pesait sur moi, que le jour où la malveillance me tendit ses premiers pièges. J'entendais gronder l'orage, sans en percevoir l'origine ; je cessai d'être tranquille. J'avais là ma fortune engagée ; un mauvais tour pouvait me ruiner. Que serais-je devenu en pareil cas, sans le sou, déconsidéré peut-être ? Je pris peur, et pour la première fois de la vie je songeai sérieusement à fuir loin, bien loin, d'un monde qui avait perdu toute ma confiance.

Bien des souvenirs de jeunesse me revenaient à la mémoire et notamment, quelques mots tombés jadis des lèvres d'un abbé, me firent réfléchir encore davantage. Je l'avais rencontré un jour en bien mauvaise compagnie et m'étais empressé, croyant lui rendre service, de l'en informer. Oh ! m'avait-il répondu : je le sais fort bien, mais il nous en faut aussi comme cela. Ces mots ne furent pas perdus pour moi. S'il en faut de pareils à droite, il en faut évidemment de pareils à gauche.

Alors de quelque côté que je me tourne, je devrais accueillir avec bienveillance des gens qui me dégoûtent. Merci, je n'en veux pas.

Mais si la tempête faisait rage et qu'elle prît tout-à coup une tournure menaçante, comment m'y prendrai-je pour échapper à mes ennemis? Un de ces hommes comme il en faut, peut débaucher un de mes employés et me ruiner pour obéir à ses chefs. Je m'exposerais à pareille éventualité, dans le seul but d'empocher quelques misérables écus. Non, non, il ne nous faut pas rester ici.

Des gens me disent encore : que voulez-vous, on n'apprend qu'à ses dépens. D'accord, mais, qu'ai-je à regretter en tout cela, si ce n'est d'avoir obéi à mon père, en me mettant à la besogne? Me promenant, dès ma jeunesse, les mains dans les poches, qui eût songé à me rendre la vie dure. On n'éprouve d'ennuis de la part de ses voisins, que lorsqu'on les gêne et le désœuvré est pris en pitié.

Mais alors, qui a tort? l'État, qui promet aide et assistance aux nombreuses familles et qui joue à cache-cache avec ses serviteurs, pour ne pas être aperçu au moment le plus critique, ou bien le malheureux, à qui l'on dit, au lieu de le soulager, qu'il n'avait qu'à ne pas se laisser prendre.

Mais, à quoi me suis-je laissé prendre? qu'ai-je appris à mes dépens? On a voulu me nuire d'abord, me faire déguerpir après, m'enrégimenter ensuite. Mais, tout cela n'est que fort naturel et très fréquent. Ce qui ne l'est pas du tout, c'est de m'avoir baptisé en chrétien, pour me traiter ensuite en canaille.

Si les gens puissants s'écrient : Il faut que cela soit ainsi ; pour arriver à nos fins nous avons besoin de l'immoler, que voulez-vous que j'apprenne par là ; absolument rien, que je ne sache, c'est-à dire qu'il y a des gens très puissants, qui mettent l'honnêteté dans la poche et ne manquent pas de faire payer les autres, s'ils en trouvent l'occasion.

Croirait-on que c'est moi, par hasard, qui mettrai fin à des abus séculaires?

Si j'ai, sans hésiter, renoncé à mes fonctions, je n'avais pas de même renoncé au travail. Comment se fait-il, que lorsque j'ai cherché par tous les moyens en mon pouvoir, à me remettre à la besogne, la chrétienté s'y est opposée?

Cherchez, cherchez, vous qui me reprochez mon imprévoyance, vous retrouverez une à une toutes les chaînes et toutes les trames de l'étoffe répugnante que vous tissez chaque jour!

Traqué, à bout de ressources, j'implorai enfin l'assistance d'un avocat. C'était un ami, celui-là, tout dévoué à la famille et, en toutes circonstances, autrefois, prêt à m'être utile. Il m'écouta avec bienveillance, promit de s'occuper de moi et tint parole.

J'attendai patiemment le résultat de ses démarches ; les mois, les années s'écoulèrent, sans apporter de soulagement d'aucune nature. C'est un mauvais passage, me dit-il, un jour, un peu dur, il est vrai, mais de courte durée, prenez patience ; je ne vous oublie pas.

J'eus pu, comme ces saints tout couverts de sang, me traîner dans la foule et implorer, levant les mains au ciel, la grâce du Dieu tout puissant. Pardonnez-leur, Seigneur, ils ne savent ce qu'ils font.

Hélas, ils savaient trop bien ce qu'ils faisaient. Les besoins augmentent de toutes parts ; chacun s'efforce à monter ; le plat de lentilles pour lequel Caïn tua son frère, ne suffit plus ; tout le monde veut aller à Capoue. Halte là, arrêtons l'élan.

J'étais de ceux dont les goûts sont modestes ; et j'avais reçu de mes parents assez de leçons d'économie pour ne pas nourrir en montant en âge, des désirs inconsidérés. L'argent est rare, me disait-on, on ne se le procure plus aussi facilement qu'autrefois. Cette remarque était fort juste et réconfortante, surtout pour ceux qui désirent une répartition plus équitable des richesses. "Mais,' si la logique vaut quelque chose au milieu du tourbillon moderne, comment enlever à quelqu'un ce qu'il possède, pour le lancer dans l'inconnu, Faute de trouver des juifs pour crucifier le seigneur, Casto perdue depuis des siècles, dans la foule des nombreuses confessions, les chrétiens de nos jours ne chercheraient-ils pas eux-mêmes à les remplacer dans le drame?

J'y songeai souvent, tandis que vainement j'attendais la

visite de mon avocat, lui, qui devait m'apporter enfin la bonne nouvelle de ma délivrance. J'attendai longtemps, il ne vint pas.

J'ai tout fait pour vous être utile, m'écrit-il un jour, mes démarches ont été vaines. Je suis malade, ne troublez pas mon repos ; j'y perdrais beaucoup et vous n'y gagneriez rien.

Il y a des lois, il y a des juges, il y a des avocats : rien ne manque, si ce n'est le moyen de vous faire rendre justice.

Abandonné de tous, que doit faire le malheureux dont les droits sont méconnus? Pleurer? mais que peuvent des pleurs, là où les arguments ne portent plus? Implorer grâce? mais de qui ? Le Dieu des chrétiens a été relégué par les théologiens, si loin dans les spéculations philosophiques, qu'il faut tout juste, pour le malheureux, le temps d'atteindre la tombe, pour que ses revendications arrivent jusqu'à lui. Il nous a, il est vrai, en quittant cette terre, laissé sa doctrine en garde; mais, le St. Père est aussi bien éloigné de la majorité des fidèles ; fussent-ils même tous à Rome, que pourrait-il faire, si ce n'est, les renvoyer au Dieu tout puissant, qui seul a trouvé le moyen de nous soulager, en nous ouvrant la tombe? J'étais d'ailleurs parfaitement en mesure d'en juger puisque à l'époque la plus douloureuse de ma vie, je me trouvais à Rome.

Des mois avaient passé sur ma tête, que pas une figure souriante et consolatrice n'avait apparu à mes yeux. Un banni est moins à plaindre que je ne l'étais alors, car je cherchais en vain la source de mes malheurs.

Abandonné de tout le monde et pourquoi ?

Le St. Père et son entourage ne pouvaient l'ignorer; ils eussent dû, tous les premiers, se souvenir de leur sainte mission et alléger des souffrances, auxquelles même il leur eût été facile, peut-être, de mettre fin.

L'âme en peine, je promenais mes regards sur toutes les merveilles que renferme le Vatican. Je n'avais assez d'admiration pour les artistes célèbres qui avaient rehaussé sa pompe, aux époques reculées de sa splendeur. Le père éternel, surtout, planait là comme un aigle, au fond des airs, dans la coupole de la Chapelle et me rappelait le génie de Michel-Ange. Ses longs cheveux, sa barbe touffue, sa robe ample, tout pliait sous la pression du vent, qu'il écartait sur son passage. Dans ses traits majestueux, on lisait l'énergie qu'il déployait à sa lourde tâche. Quoique très haut, il voyait tout, s'occupait de tout, excepté de moi, pauvre petit malheureux, qui, après vingt cinq ans de travail et de sacrifices, tombait là, comme un oiseau du nid, sans parents, sans amis.

Tandis que je faisais ces pénibles réflexions, un bruit sur les gradins qui mènent au Vatican, attira mon attention. De jeunes prêtres, causaient, riaient, jetant vers moi des regards étonnés en faisant de grands gestes. J'en voyais monter, descendre, tellement empressés, qu'ils trébuchaient dans leur robe. On eut dit un nid de fourmis, sorti de sa quiétude et portant de droite et de gauche, la nouvelle de quelque évènement inattendu.

Tandis que le Père éternel planait dans les airs, les disciples auxquels il avait transmis sa sainte mission, rigolaient sur terre. Il leur avait cependant bien dit : ne faites pas aux autres, ce que vous ne désireriez pas qu'on vous fit. Mais ces paroles, si sages, si chrétiennes, ils les avaient depuis longtemps oubliées. J'étais un malheureux ; l'église, plus qu'aucun autre groupe social, devait par tradition, avoir pitié de moi ; hélas, j'étais si peu de chose et l'histoire nous apprend, qu'elle n'eût jamais que du dédain pour ceux qu'elle ne devait craindre.

Sur le parvis d'une église où j'entrais, un jour, tout juste au moment des offices, je trouvai réunie une nombreuse jeunesse, le rire sur les lèvres et tout empressée à m'ouvrir les rangs pour me laisser passer. Cet étrange procédé à l'entrée d'un temple, où la bonne tenue est de rigueur, me surprit étrangement. Quel en était le motif ; qu'allait-il se passer. Le prêtre monta en chaire, fit un signe de croix, et dans le courant de son improvisation, lâcha quelques paroles à mon adresse, que j'ai oubliées aujourd'hui, mais qui me vexèrent profondément. Ah ! m'écriai-je, je tombe dans un club ; l'église cesse d'être le temple de la prière et de la dévotion. Adieu, pour toujours, on ne m'y verra plus. Vous vous groupez pour la lutte ; partez en guerre, mes amis, je ne vous suis pas. Vous m'avez mis au travail ; j'ai fait à cette fin tous les sacrifices nécessaires ; partez en guerre, partez, je ne vous suis pas. L'humanité peut me fouler aux pieds, m'écraser, je ne bougerai que pour faire entendre mes plaintes et mes protestations. Mes parents m'ont tracé la route du devoir et de l'honneur ; c'est en vain que vous me tracerez celle de la politique. Celui qui cherchait les malheureux, pour leur porter secours et adoucir leurs souffrances, vous donnait l'exemple de la commisération. Bien loin de le suivre, vous me couvrez d'ignominie, en m'abandonnant au plus grand désespoir.

Aussi, quand l'arme à la main, j'étais prêt à mettre fin à mes jours, ai je abjuré à jamais un culte stupide, où il n'y a plus place, à l'avenir, que pour les farceurs.

Comment, vous acceptez mes services, durant la plus belle partie de ma vie et m'enlevez encore en récompense, l'autre moitié qui me reste et dans l'aveuglement qui vous fait agir, vous vous écriez, sans pudeur : Cela doit être ainsi.

Oh ! les monstres ; comment l'humanité s'en défera t elle un jour, si déjà l'autorité plie sous leur joug.

..

Un chien souffre-t-il, tout le monde s'empresse de lui prodiguer ses soins. Un cheval est-il battu, la foule défend l'animal, tombe à coups redoublés sur le cocher inhumain, qui sans pitié, bat la pauvre bête, et l'opinion publique, fière de si nobles cœurs, lui adresse de pompeux éloges.

Tout est beau, tout est généreux, ce qui se fait pour les bêtes ; pour l'homme éprouvé, victime d'un complot monstrueux, il n'y a que des quolibets et du dédain.

Était il assez bonasse de se laisser prendre; ne savait-il pas, que les hommes sont envieux, fourbes, vindicatifs. Après tout, il n'a que ce qu'il mérite. D'ailleurs, s'il souffre, il n'est pas le seul. Qu'il se console à cette idée et poursuive son chemin.

La cruauté, au fond de nos cœurs, n'y fait que sommeiller. Il ne faudrait qu'une étincelle, pour propager l'incendie au sein des nations, pour faire surgir toutes les atrocités des temps les plus barbares.

Ces manières raffinées, ces toilettes élégantes, ce luxe du dedans comme celui du dehors, ont été trompeurs de tout temps et c'est toujours, au moment où l'on s'y attendait le moins, que la tempête des foules en délire a fait ses plus grands ravages.

Si la peinture est fidèle et je n'en puis douter, puisqu'à Madrid on la conserve avec le plus grand soin, le meilleur monde jadis affluait sur les lieux de supplice et en encombrait les loges, d'où l'on pouvait voir les malheureux monter sur le bûcher. Faute de ne pouvoir les ériger pour le moment, les monstres qui nous torturent, se contentent de supplices moraux, tout aussi barbares à notre époque raffinée, et l'autorité n'y met aucun obstacle.

Non, certes, la cruauté n'est pas éteinte en nous. La commisération n'est que trop souvent une simple manifestation de bon aloi.

Je gage que si demain, en tel lieu, à telle heure, comme des bolides détachés des planètes, devaient tomber des cieux, des malheureux condamnés à ce supplice, la foule s'y presserait sans pudeur. On se révolterait à pareil spectacle, si c'était des chiens, mais, des hommes !

D'un chien, nous ne réclamons que quelques caresses, qu'il prodigue aisément, ayant tout à recevoir et rien à donner, mais, de notre semblable, nous exigeons tous les dévouements, tous les sacrifices, et n'avons pas honte de marchander la récompense.

L'altruisme est le grand mot de l'époque; chacun l'interprète à sa façon. Il faut tout sacrifier au bien de son prochain, affirme le désœuvré tout le premier, tandis qu'il vit à ses dépens et bien souvent, complote sa ruine.

.
..

Il faut avoir passé par où j'ai passé, pour juger des stupidités de notre organisation sociale.

Le désordre y est si grand, les lacunes si nombreuses, qu'on ne cesse de se demander si ceux, qui président à notre destinée, ont décidément juré notre perte.

Dès notre enfance, on nous inculque des principes différents, comme à plaisir, pour préparer nos rivalités futures. A peine entrés dans l'action, les farceurs sont là, comme les camelots au théâtre, vous criant : qui veut du libéral, qui veut du clérical. Malheur à qui n'a pas les mains pleines, ou demande un service, car la charité même porte une enseigne. Au malheureux qui tend la main, on réclame une déclaration de principes, comme à un député qui brigue les honneurs du parlement. Il faut être, à droite ou à gauche, lui dit-on, sinon, mourez de faim.

Que voulez-vous que réponde l'infortuné qui ne loge nulle part et ne réclame qu'un morceau de pain,

N'est elle pas monstrueuse, cette navette idiote, au sein de nations chrétiennes. Voir les gens dans la peine, aux prises avec toutes les infortunes et leur entendre réclamer une profession de foi, en leur portant secours, c'est là la scène à laquelle on peut assister, chaque jour, dans les Flandres.

La lutte pour la domination avec toutes ses exigences et toutes ses cruautés, voilà la plaie du jour.

Il nous faut des lutteurs, non seulement des croyants, disent les prêtres aveuglés par les rivalités toujours croissantes des partis, se disputant le pouvoir. Quant à ceux qui ne croient pas et veulent échapper à notre autorité, nous les ferons croire.

Delà à attirer sur le troupeau récalcitrant toutes les foudres du ciel, il n'y a qu'un pas.

Ah ! pauvre égaré du sacerdoce, qu'as tu fait des exemples de bonté et de douceur dont le fondateur de ton église a laissé d'impérissables souvenirs.

Vas-tu, pour imposer des croyances qui s'effritent chaque jour, ainsi que les légendes d'antan, dresser les bûchers des temps barbares et anéantir chez l'homme, ce que son émancipation a produit de plus beau ?

Ne te répugne t-il pas, à défaut de moyens aussi cruels, de jeter le trouble dans son cœur, la désunion au sein de sa famille, la désolation dans tout ce qui l'entoure ?

Je me rappelle le bon vieillard, le curé de notre paroisse, l'ami de la maison.

Il venait souvent dîner chez mes parents ; le bon accueil ne lui manquait d'ailleurs nulle part.

Il était de ceux dont la recette s'est perdue. C'était un vrai pasteur, l'ami de tout son troupeau, sans en excepter la moindre brebis. Il nous avait connus, tout jeunes, nous avait baptisés, communiés, félicités en toutes circonstances. Notre jeunesse semblait le réjouir.

Malheureusement' quand le souffle de la réaction vint opérer chez Pie IX son, action délétère, le digne homme dût renoncer à nos joyeuses réunions.

Nous allions le voir encore, mais il avait le cœur brisé. On est bien mal inspiré en hauts lieux, disait-il, l'avenir démontrera cela et une impression de tristesse se peignait sur son visage.

Il voyait clair, le brave homme, En effet, à la paix succéda la guerre ; au fidèle, le politicien ; au paroissien bon enfant, le citoyen haineux, vindicatif.

Je le perdis de vue, en quittant mes parents, et j'appris sa mort quelques années plus tard; mais son souvenir ne me quitta jamais.

Je ne pouvais surtout m'empêcher de songer à lui, dès que je constatai les horreurs qu'entrainait la nouvelle discipline.

Les bons pasteurs d'autrefois s'étaient transformés en tyrans. La canne à la main, je les voyais marcher au scrutin, avec cette audace que fait naitre la domination. On eût dit, en les voyant à la tête de leur troupeau, des gardes champêtres, ayant endossé de longues soutanes. Parfois, les deux camps se heurtaient en route et la bagarre tournait au drame; mais, toujours l'église avait le dessus, l'archange devant nécessairement terrasser le dragon.

Ces scènes m'écœuraient et me tenaient à l'écart. J'évitai même souvent le scrutin, n'attachant aucune valeur à la sincérité de son résultat. C'était, à mes yeux, une méchante comédie, dans laquelle on s'attachait beaucoup plus d'asservir les gens, que d'améliorer leur sort. La valeur du candidat comptait rarement, surtout à la campagne. Le plus ignorant l'emportait toujours sur son concurrent lettré, pourvu qu'il eut le curé de son côté.

Je pus m'en rendre compte, lors de quelques jours de vacances que je vins passer chez mes parents.

Ils habitaient en ce moment la campagne et j'arrivais tout juste en temps d'élection. Mon frère, dix ans plus âgé que moi, avocat à la Cour, se mettait sur les rangs comme maire de la commune. Désireux d'apprendre de la bouche des paysans eux-mêmes s'il avait quelque chance de succès, je me rendis au centre du village et interrogeai les échos d'alentour. Les nouvelles étaient mauvaises; le curé avait son homme et le défendait à tout prix. J'étais fixé, le reste ne m'intéressait plus.

J'entrai, pour me rafraîchir, dans un cabaret en face de l'église, occupé tout juste par le sonneur de cloches. Mal m'en prit car du presbytère voisin le curé m'avait vu entrer et soupçonneux, comme l'on est généralement quand on part en guerre, il fit irruption subite dans l'auberge, la tête nue, la soutane en désordre.

La chope à la main, je restai ahuri de le voir en pareille attitude. L'œil courroucé, le visage injecté d'un sang bouillant qui lui montait au visage, il se dirigea à pas précipités vers moi en frappant violemment la porte derrière lui.

Que venez-vous faire ici, me dit-il, n'oubliez pas que vous êtes ici sur mon terrain ; et tout en parlant il tapait de ses poings sur la table, faute de ne pouvoir en faire autant sur mon dos.

Les cérémonies funèbres, à la mort de mes parents, nous mirent en présence et jetèrent un voile sur cet incident. Ce n'était, d'ailleurs, pas un méchant homme et encore moins un de ces nombreux ignorants, qui, dans la campagne, portent la soutane. Il s'adonnait aux sciences et jouissait même de certaine notoriété. Quel était le mobile qui l'avait fait rejeter si loin, la colaboration d'un avocat, pour lui substituer un simple paysan ? Je n'en découvris le mystère que quelques années plus tard, lorsque à ma grande surprise, j'appris qu'on avait installé dans la commune, une succursale de Lourdes. Un avocat ne se prête pas volontiers à ce genre de trafic religieux, un paysan est plus docile. Jusqu'alors, j'avais cru que l'instruction chez le prêtre était une sauvegarde contre les abus du culte ; je constatai, à mon grand regret, que les faits prouvaient le contraire.

Il y a de cela quarante ans et la société ne s'est pas améliorée depuis, bien au contraire, la lutte est vive et les appétits grossiers. Le cœur s'endurcit et les dévouements se font de plus en plus rares, les braves gens estimant, qu'il est insensé d'aller, à plaisir, au devant de l'ingratitude.

L'État est obéré et l'église, de plus en plus délaissée, faute de s'être écartée de sa généreuse mission. On croit encore, il est vrai, mais rarement, ce qu'on croyait au bon vieux temps des légendes.

Qu'on en juge par celle qui suit et qui n'est pas étrangère à notre sujet.

Ganymède attendait avec impatience le départ de son maître, lorsqu'il le vit, un beau jour, faire ses malles et s'embarquer pour un voyage de long cours. Seul, à la garde de la maison, n'ayant plus rien à faire, il fit un copieux repas et s'endormit.

Les jours, les mois, les années s'écoulèrent ; Ganymède dormait toujours. La maison resta fermée et les voisins, croyant le valet parti avec son maître, ne songèrent désormais ni à l'un ni à l'autre.

On en était alors à une époque de grande activité sociale; les arts, l'industrie, les lettres, tout brillait du plus vif éclat. Chacun s'efforçait à se tracer un chemin dans la vie, en prévision de l'heureux jour du jugement dernier, où tous devaient recevoir leur récompense. Les mœurs étaient encore simples, et bien déconsidéré eût été celui, qui, guidé par l'égoïste souci d'amasser fortune, eût manqué de scrupules. Les compétitions cependant étaient déjà nombreuses et tout comme aujourd'hui, on enviait son voisin.

Après trente ans d'un sommeil léthargique, Ganymède enfin, se releva tout étourdi. Où suis-je, se dit-il, mon maître n'est donc pas là? En apercevant le désordre qui régnait autour de lui, rappelant enfin ses derniers préparatifs de départ, il comprit qu'il était libre et dégagé pour long-temps, de toute besogne. Sans plus tarder, désireux de respirer l'air frais du dehors, il étire, une dernière fois, ses membres engourdis, passe la main sur ses paupières à demi-closes et sort.

A la vue de tout ce qui l'entoure, il croit rêver. Tout autour de lui a changé d'aspect. Les maisons sont plus grandes, les rues plus larges, la foule plus encombrante. Dans les artères nouvellement tracées, il trouve difficilement à s'orienter. Les gens qui le croisent, sont des étrangers pour lui et pas un habitant ne le reconnaît. Il marche ainsi tout étonné, jusqu'à la place voisine, où il retrouve enfin, l'église paroissiale qui seule, n'a rien perdu de son aspect séculaire.

Plus de doute, je suis chez moi, s'écrie-t-il, mais, comment la ville entière a-t-elle ainsi changé depuis hier? Que s'est-il donc passé?

Un homme d'un certain âge le croise, tout juste en ce moment; il va vers lui et lui exprime son étonnement. L'autre ébahi, croyant avoir affaire à un fou, se retire précipitamment et veut fuir, mais, Ganymède voulant le retenir par le bras, ne saisit qu'un membre articulé.

Quoi! s'écrie-t-il, étonné, serais-tu Pierre le Manchot?

Qui es-tu, dit l'autre, pour me reconnaître ainsi?

Mais, je suis Ganymède; suis-je donc tant changé depuis hier et toi aussi, que nous ne nous reconnaissions plus?

Depuis hier, Ganymède, mais voilà trente ans que je ne t'ai plus vu. Je te croyais mort. D'où sors-tu?

Mais de chez moi, dit Ganymède étonné.

Assez, dit le manchot, nous n'avons pas un moment à perdre, tu m'expliqueras cette énigme plus tard. Hâtons-nous, c'est aujourd'hui le grand jour du jugement dernier. Tu es du même âge que moi; suis moi donc, si tu ne veux manquer ton tour. Bénis le ciel qui me met sur ton chemin, pour t'annoncer si bonne nouvelle.

Ganymède ne se fit pas prier et suivit son ancien ami dans l'église.

Quelques hommes à cheveux gris, fatigués déjà par les épreuves de la vie, attendaient là dans un religieux silence, le moment solennel, où, après tant d'années d'épreuves, ils allaient recevoir enfin, la récompense de leurs vertueux travaux.

Quel est cet étranger, fit l'un d'eux, quand Ganymède approcha; personne ici n'est admis, qui n'est appelé.

Mais, je ne suis pas un étranger, dit Ganymède, je viens comme vous autres, recevoir ma récompense, car, je suis né en ces lieux et de votre âge.

Il y eut un moment de surprise, mêlé de défiance, qui se dissipa bien vite, lorsque Ganymède eut déclaré qu'il sortait de chez lui après une longue léthargie.

Le juge suprême arrivait en ce moment et la séance s'ouvrit.

Tour à tour, chacun eut à exposer ses titres et ses droits au bonheur éternel. Personne n'avait péché; tous s'étaient empressés d'assister leurs semblables, de les aider en toutes circonstances, d'éviter tout motif de conflit, de jalousie, de haine ou de discorde. En somme, la plupart à la vérité, avaient travaillé beaucoup pour ne pas gagner grand-chose, sauf quelques malades ou d'incurables infirmités.

Le juge suprême, guidé par son âme compatissante, n'écouta que d'une oreille et se montra fort indulgent, connaissant par expérience toutes les faiblesses humaines.

Le manchot, enfin, prit la parole à son tour et dit : On m'a appris dans la jeunesse, que Dieu a fait l'homme à son image. N'y a-t-il pas là erreur de tradition, car l'expérience de toute ma vie m'a démontré, au contraire, que c'est l'homme, qui a fait Dieu à la sienne. Infime atome que je suis, je ne me fus jamais avisé d'insulter la divinité, en la rabaissant aussi bas. Si j'élève la voix aujourd'hui, c'est que j'ai des motifs sérieux de me plaindre. Je ne suis qu'un pauvre manchot, il est vrai, mais fidèle à l'éducation que j'ai reçue, j'ai tenu, tout d'abord.

à rester honnête. Sans pitié pour ma constitution délicate, mes parents m'ont mis à l'ouvrage et j'y ai consacré toute ma jeunesse. Le Christ a dit à ses disciples, cherchez le royaume des Cieux, le reste vous sera donné en surplus. Je n'ai pas songé, comme bien d'autres, à spéculer sur les mots et à approfondir le sens exact de ces paroles. J'ai suivi le droit chemin, en m'efforçant à servir mon prochain. Quelle a été ma récompense ? des horions, rien que des horions. Mes voisins, furieux de ne pouvoir m'associer à leurs luttes sournoises, m'ont fait la guerre d'abord, m'ont dépouillé ensuite et les hommes de loi, auxquels je me suis adressé, impuissants, je suppose, à me faire rendre justice, m'ont renvoyé à vous, mon divin maitre. Me voilà au terme de ma carrière ; la vie entière est perdue pour moi ; vous-même, tout puissant que vous êtes, vous ne pouvez me la rendre ; je ne vous demande pas grand chose, parce que plus rien ne me tente dans le monde, après tant de souffrances et d'injustice. Si j'élève la voix, ce n'est non plus pour nuire aux intérêts de Ganymède, mon ami d'enfance, qui sort à l'instant d'un sommeil léthargique de trente longues années, durant lesquelles j'ai tant souffert, mais uniquement pour me renseigner. Je suis père de famille et il m'importe de savoir, pour le bonheur de mes enfants, si la récompense finale est bien la même, pour ceux qui travaillent, ainsi que pour ceux qui sommeillent toute leur vie,

Le juge, à ces mots, se sentit embarrassé,

Qui peut dire, en effet, qu'une souris, qui sans bruit vient chaque soir, quand tout repose, récolter les miettes de pain tombées sous la table et se retire après dans sa cachette, a commis un larcin. Qui peut accuser un homme qui s'est laissé voir à peine, n'a eu d'autres rapports qu'avec son entourage, n'a provoqué ni la jalousie, ni la haine, ni l'envie d'aucun de ses semblables? Dors, si tu veux, toute ta vie, qui t'en empêche?

Personne n'était là, en effet, pour accuser Ganymède, puisque personne ne l'avait aperçu depuis trente ans.

Le juge réfléchit un instant et prenant entre ses deux doigts, un spécifique merveilleux, le tendit à Ganymède et lui dit : Prends ceci, sois guéri de ta paresse. Tandis que tes camarades travaillaient, souffraient à la peine, tu te couchais mollement, oubliant tous les devoirs que l'on doit à ses semblables et à la société. Je ne te punis pas, parce que tu n'as pas péché, mais je ne te donne pas non plus le repos, dont tu as abusé jusqu'ici. Va et ne dors plus ; ce que tu viens d'absorber, te rendra alerte le reste de ta vie.

Ganymède, étonné, ouvrit de grands yeux.

Jamais, il n'avait vu aussi clair ; jamais, le ciel ne lui parut plus serein, le soleil plus brillant, la nature plus souriante. Je ne vivais donc pas, s'écria-t-il ! Merci, merci, mon divin maître. Adieu, mes chers amis, je cours voir ce que je n'ai pas vu, toucher ce que je n'ai pas touché, sentir ce que la paresse de mes sens abusés ne me permettait pas de percevoir. On me verra désormais partout, je serai au service de tous et tant j'ai sommeillé jadis, tant je veillerai à l'avenir......

Ganymède a dit vrai. C'est lui que nous voyons partout, au haut des montagnes, dans les hôtels somptueux, au bord de la mer, sur les plages fréquentées, dans les villes aux voies larges, partout où l'étranger trafique ou s'amuse. C'est lui qui veille aujourd'hui, tandis que tant d'autres à ses côtés reposent.

. Sans nul doute, s'il est père de famille à son tour, comme son ami d'enfance, qu'il se demande aujourd'hui, si la récompense est bien la même, pour ceux qui travaillent, comme pour ceux qui sommeillent.

La révolution, a aboli les privilèges dit-on ; n'y en a-t-il plus aujourd'hui ? Evidemment que si. Quoique l'on fasse on ne pourra les supprimer tous. Quant aux abus, ils sont légion et nous ne sommes pas à la veille de les voir disparaître.

L'aristocratie, le clergé, la magistrature, certainement ne sont plus entourés de cette auréole de prestige, qui les relevait tout particulièrement aux yeux de la foule, mais en définitive, qu'ont-ils perdu personnellement au change ? Faute de ne plus avoir la foule, servile, béate, craintive, à leurs pieds, ils ont cherché depuis à remplacer une vaine ambition, par des adjuvants du bonheur, bien autrement efficaces. Ils ne sont donc nullement à plaindre. Cependant, s'ils ont su tirer parti de nos institutions modernes, l'indifférence avec laquelle le peuple les considère, ne lui est elle pas moralement préjudiciable ? Qui oserait le nier ?

L'aristocratie à tout prendre, malgré sa morgue et son despotisme, parfois révoltant, n'en était pas moins une école d'honneur et de bon ton, s'il fut toutefois correct de marier un enfant au berceau, d'envoyer un adolescent au couvent et d'en forcer un autre à se faire tuer, au bénéfice de son aîné, maître et seigneur. Honneur et bon ton sont deux qualités indispensables à toute nation qui désire s'élever et dont nulle ne peut faire fi sans déchoir.

Le clergé, à son tour, aux époques les plus pures de sa gloire, par les efforts qu'il faisait, pour suivre les préceptes du Christ et prêcher la morale, à ceux qui n'étaient que trop portés à s'en écarter, inspirait à la foule une telle confiance et un tel respect qu'il pouvait se croire longtemps encore après, le seul arbitre de sa destinée.

La magistrature elle-même, moins assujettie à s'en référer à des lois tracées, trop souvent de nos jours, sous l'impression de luttes ardentes, faisait souvent appel à l'équité, dans l'appréciation des droits des parties et inoculait de la sorte au peuple cette vérité, que la justice ne craint aucun maître.

Quelle qu'ait été, en fait, l'exagération de cette croyance, nous ne pouvons que déplorer aujourd'hui, le doute qui s'est emparé de la foule à son égard.

Il y avait donc du bon dans le passé, malgré tous les abus qui le rongeaient et c'eût été le devoir de la société moderne, de le sauver précieusement, au bénéfice des générations futures. L'a-t-elle fait? nullement.

Les foules, comme toujours, après avoir été abusées, ont voulu se débarrasser du cauchemar dont elles étaient hantées depuis longtemps et faute de ne pouvoir discerner le bien du mal, ont d'un coup tout bouleversé.

Les meneurs fiers de posséder, à leur tour, les armes dont se servaient leurs anciens maîtres, et ne pouvant en trouver de meilleures, ont jugé à propos de les utiliser à leur tour. Ils ont changé les noms, quelque peu les termes et comme on ne peut guère maintenir les choses ensemble sans lien, ils ont remplacé les chaînes par des ficelles. C'était faire incontestablement un pas en avant; mais celles-ci, petit à petit, s'usèrent à leur tour, et l'on peut dire qu'elles ne tiennent plus guère ensemble aujourd'hui.

Tout a été sacrifié à la politique et quoique les républiques, les empires, et les royaumes constitutionnels lui aient fait les plus grands sacrifices, leur popularité ne fut jamais que de courte durée. Chacun prétendait gouverner mieux que son prédécesseur et, tous, les uns après les autres, perdaient leurs soutiens. C'est que, tous, tout en faisant des concessions simulées, s'évertuaient à reconstituer un passé démodé, en opposition, non avec les aspirations du plus grand nombre, mais avec les exigences du progrès, que nulle force humaine n'arrêta jamais.

Comment des nations entraînées, depuis des siècles, dans une voie tracée, eussent-elles pu du coup, s'en frayer une nouvelle, sans désordre, sans tourment.

Des gens simples, pratiques, rompus aux affaires, nullement vindicatifs, n'aspirant à d'autre ambition que de fonder sur des bases solides, un équilibre vraiment durable, eussent seuls pu nous mettre à l'abri de tout ce que nous avons souffert. Des politiciens, roués, ont hélas tout gâté.

Pour faire pièce à la noblesse éprouvée, ils ont provoqué tous les abus que peuvent engendrer l'argent et la domination.

Au clergé, nullement enclin aux siècles derniers, à imposer au fidèle des obligations bien sévères, ils ont opposé des sectes radicales, dont quelques-unes entr'autres, n'ont eu qu'un succès fort passager.

A la magistrature on a dit : plus d'équité ; que le droit seul préside à tous vos jugements. Voici le Code, ne vous en séparez plus. Brodez là-dessus, si vous le désirez. En en interprétant les termes, sauvez même un ami si vous le pouvez, mais gardez-vous bien de veiller, si la consigne est de ronfler.

J'ai eu l'occasion d'étudier les politiciens durant de nombreuses années ; j'ai toujours eu pour eux la plus profonde aversion. En toutes circonstances, je les trouvais animés des mêmes désirs, imbus des mêmes préjugés, conduits par une monstrueuse ambition, roués, despotes et quoique puissamment soutenus, amener parfois d'épouvantables catastrophes. D'un œil désintéressé, je les voyais faire et ne pouvais m'empêcher de m'écrier : Non, la vérité n'est pas là ; Ce qu'ils veulent et doivent vouloir, car, moins que personne ils n'ont de volonté propre ; ce qu'ils veulent, c'est quoi qu'ils disent. le maintien de la société avec tous ses abus et tous ses vices. Ils sont criants, ils sont partout, et se rencontrent trop souvent chez ceux qui ont mission d'y porter remède. Ce serait donc à ce char d'immondices que l'on devrait s'atteler, pour mériter le titre de bon citoyen et se ménager l'estime de ses semblables. Si le monde tourne bien comme il tourne, de l'avis des politiciens, c'est qu'ils utilisent ses circonvolutions à leur prospérité. Mais, comment peuvent-ils prétendre qu'un honnête homme peut y marcher droit, puisque la ligne en est courbe.

Non, non, pour le bonheur de ceux qui nous suivent, avouons-le, nous faisons fausse route et sommes sur la voie de la plus profonde désorganisation sociale. Bien des symptômes nous rappellent déjà la décadence romaine. Même tendance chez les nations puissantes à étendre leur domination, à enrichir la mère-patrie, au détriment des populations conquises; même propension chez d'autres, à préparer la guerre, par l'exagération d'un patriotisme de circonstance; même désir de jouissance au sein des villes; même tendance à appeler dans les capitales, les bras destinés aux champs; même nécessité de maintenir dans le désœuvrement une foule de privilégiés, sous prétexte d'avoir en réserve une armée de meneurs à la dévotion des sratégistes sociaux. Même lassitude chez les gens honnêtes, fatigués d'une lutte écœurante; même avilissement chez le clergé, chargé de besognes qui le déconsidèrent; même despotisme chez les souverains quand ils recourent à la force, comme principe de gouvernement; même bassesse coupable, quand ils recherchent l'appui de sujets avides, de fonctionnaires serviles.

On ne peut assez le répéter, la révolution qui n'avait en vue que de redresser quelques abus, a brisé tous les ressorts de l'ancien monde. Le coup était trop fort; sans transition aucune, on faisait passer la famille dans une atmosphère qui lui donnait le vertige. Un siècle s'est écoulé et cela ne paraît que d'hier. Nos parents en ont reçu le choc et tel a été sa force, que nous en ressentons encore les vibrations, dans la moelle de nos os. De là cette lutte, dont nous ne nous rendons pas compte; de là, cette effervescence d'une part, ce marasme, cette douleur mortelle, cette haine d'autre part.

Le coup est donné, faut-il remonter en arrière et reformer la société à l'instar de ce qu'elle fut jadis?

Folie de ceux qui perdent de vue que l'humanité depuis qu'elle existe, n'a jamais marché qu'en se perfectionnant; sottise de ceux encore, qui trébuchent regardant sans cesse au ciel.

Ce ne sont à coup sûr pas les politiciens qui noussauveront.

Ceux-ci, à quelque parti qu'ils appartiennent, n'ont jamais fait que la guerre et c'est tout juste elle, qui nous a rongés dans le passé.

Quand le peuple, las de verser son sang pour des sujets futiles, s'est écrié : assez, il faut que cela cesse, le coup terrible s'est donné et l'on a pu croire un instant, que c'était le dernier. Hélas ! la réaction fut terrible et le sang n'a cessé de couler depuis.

Faut-il désespérer d'un avenir meilleur? Évidemment non, quand on songe que le siècle le plus troublé, fut aussi le siècle le plus remarquable qui fut jamais. C'est que durant ce siècle, l'homme s'est dégagé des entraves du passé, pour entrer plus que jamais dans les voies du travail. L'instruction s'est développée ; le peuple s'est émancipé, les sciences ont fait merveille. Les préjugés en ont souffert, il est vrai, et faut-il le déplorer, les beaux esprits aussi, car la vie est trop active, aujourd'hui, pour qu'il y ait place à toute heure, en toutes circonstances et partout pour les bons mots et les jeux d'esprit si goûtés autrefois.

Quel que soit le désordre dans lequel nous vivons transitoirement, toutes nos infortunes, tous nos sacrifices, toutes nos souffrances ne peuvent nous aveugler sur la transformation qui s'est opérée sur le globe entier pour le bien de l'humanité. Cependant, si nos pères ont désiré régénérer la société, ils n'ont certes prétendu en maintenir les abus et les privilèges, en jetant sur eux un voile qui les rendrait moins perceptibles à la foule.

Ce sont les politiciens contemporains de toutes couleurs, qui ont créé de toutes pièces, ce régime social odieux, où il n'y a plus de salut que pour les gens de mauvaise foi.

Que m'importe une société, où je ne vois qu'avec l'œil d'autrui, où je ne devrais posséder que pour le compte du voisin, où, au sein de la nature qui m'entoure et que je puis apprendre à connaître, tout n'est qu'artifice, mensonge, dissimulation, perfidie. Que m'importe une société où le chef de famille entraîne ses enfants dans l'action et l'autorité permet qu'on leur enlève le fruit de leur travail; où les intérêts matériels sont régis de telle façon, qu'il ne nous est plus même permis d'interroger la raison au profit de notre bonheur; où la Providence à laquelle nous confions par atavisme ce que nous avons de plus cher, manque sans cesse à ses engagements et nous reproche chaque jour de n'être pas nés là bourse au cou et les fidèles serviteurs d'odieux stratagèmes.

Nous constatons chaque jour, les besoins croissants) de l'instruction, de l'hygiène, de l'ordre, de l'économie ; quelques-uns y veillent tandis que la majorité en fait fi. Cependant, quand, en matière sociale, arrive le jour de l'arbitrage, chacun apporte sa voix et c'est bien souvent, en opposition de tout ce qui devrait être, que se déclare la majorité.

Quand l'argent prime tout, que grâce aux privilèges qu'il octroie, la femme rejette l'étude avec dégout et l'époux, le travail avec dédain et qu'unis dans une parfaite suffisance et supériorité sociale, ils élèvent la famille à leur image, que faut-il espérer d'un avenir où doivent, se perpétuer tous les maux que nous déplorons aujourd'hui.

S'il existe des obligations sociales auxquelles nul peuple ne peut se soustraire sans déchoir, est-il possible de laisser à chacun le loisir d'en agir à sa guise. Les gens riches, indépendants le prétendent, mais ne manquent pas de faire, pièce à l'activité d'autrui, dès que leurs intérêtsles y portent. Vos parents, dès votre enfance, vous ont inspiré le respect de guides sérieux sur lesquels vous vous reposez sans souci. Durant vingt-cinq ans de sacrifices et de travail, vous poursuivez votre route sans encombre; tout à coup, au détour d'un sentier, des précipices affreux s'ouvrent à vos pieds. D'un regard inquiet vous interrogez vos guides et leur demandez pourquoi ils vous mènent en pareil chemin.

Tout le monde passe par ici, vous répondent-ils, choisissez entre la servitude et la mort.

Comme cloué à la roche, vous ne bougez plus, tandis qu'ils s'éloignent.

Ces guides, apprenez à les connaître, ce sont : l'État, l'Église et la Royauté.

Au fur et à mesure que l'instruction se développe, le travailleur ouvre les yeux à la lumière ; la conscience exacte de ses devoirs, il la ressent de plus en plus, mais ses droits à leur tour n'échappent pas à son entendement. Gare au jour, où il verra clairement, que le chemin qu'on lui fait suivre mène à une impasse. Ses exploiteurs, il les découvrira partout, et en fera un effroyable carnage.

On nous vante chaque jour les libertés dont nous jouissons, mais, il nous importe à tous, de savoir comment il est permis d'en tirer parti.

Si le fidèle appartient à l'église et s'en laisse imposer d'abord par le dogme et le faste, il peut s'en séparer, s'il le désire. Elle ne lui promit rien, si ce n'est le bonheur dans l'autre monde, récompense posthume qu'on ne lui réclame pas volontiers.

L'État non plus de son côté, ne promet rien, si ce n'est de maintenir l'ordre au sein de la nation, ce qui lui est déjà souvent fort difficile. A moins d'être fonctionnaire, on n'a pas grand chose à lui réclamer.

Il se fait donc, que sans souci d'un avenir, qu'une instruction incomplète vous a fait entrevoir sous un faux jour, vous vous reposez sur les deux forces qui régissent la nation et qui peuvent adroitement se rejeter mutuellement les responsabilités.

On vous dit bien : les hommes sont méchants, il faut s'en méfler ; mais, qui devrait les craindre, dans un pays civilisé où l'État est puissamment organisé ? Les lois sont là, les juges les appliqueront le cas échéant. Pourquoi se soucier de ce que l'on n'a nul motif de redouter.

Si l'on dit à l'adolescent que les hommes sont méchants, on ne lui explique pas le mobile qui les fait agir en dehors de celui qu'il constate chaque jour. Il ne peut donc se mettre en garde contre les embuches de ses semblables, puisqu'il ne peut discerner ceux qui ont intérêt à les lui tendre.

Il se fait ainsi, qu'au sein de nos nations civilisées, par crainte de laisser voir ce qui existe réellement, nos maîtres nous font patauger toute notre vie les yeux bandés.

Je n'ai pas cherché à soulever le voile de notre organisation sociale, parce que cela ne m'intéressait pas et que je ne désirais nullement y jouer un rôle. Le travail me paraissait un devoir nécessaire et j'y souscrivis à ce titre seulement ; le sacrifice était déjà si grand, étant donné que je pouvais strictement m'y soustraire, qu'il ne me fût jamais venu à l'idée, que quelqu'un pût convoiter ce que je possédais.

Quand la lutte s'engagea, l'église oublia sa mission. L'État de son côté me fit comprendre, que si je renonçais à la politique, il ne pouvait utiliser mes services. Allez-vous promener, me dirent, à leur tour les politiciens, votre présence compromet notre popularité.

Tout cela est fort bien ; mais, il est d'usage que lorsque l'on renvoie un serviteur, on tienne compte de ses services.

Depuis longtemps déjà, on avait largement écourté, ce à quoi j'avais droit ; mais, désireux de ne pas empirer une situation déjà bien pénible, je me tins tranquille, ce qui ne pouvait durer, puisque ma suppression faisait partie d'un plan tracé bien des années avant.

Il faut, que nous t'exécutions, me fut il dit, quoi qu'il puisse en arriver pour toi.

Sont ce là les procédés avec lesquels on se propose de traiter les hommes d'action dans l'avenir ?

Serait-ce le fruit de ces gouvernements constitutionnels si vantés, où l'Église et l'État se prêtent mutuellement leur appui, en vue d'une administration toute paternelle ? Travaille dit l'un, prie, dit l'autre ; mais n'attends ta récompense que lorsque le fossoyeur aura creusé ta tombe. Vis de ce que tu as ; soigne ta santé, afin que tu ne meures pas trop tôt, car, il nous faudra pas mal de temps pour régler ton compte.

Vit-on jamais pareille désinvolture ?

Nous ne vivons plus à une époque où tout marchait à pas lents, vers un avenir lointain ; les transformations sont rapides, la lutte est générale, tandis que la justice débordée, ainsi que nous le voyons, impuissante à remplir ses devoirs, ne peut répondre à nos appels désespérés.

Quel que soit le système de gouvernement auquel nous donnions la préférence, les intérêts s'entrechoqueront plus que jamais ; ôte-toi de là, que je m'y mette, telle restera la devise de l'humanité. Un patron ne voit pas de meilleur œil un ouvrier s'établir dans son voisinage, qu'un monarque ne voit à son tour une république, prospérer à ses côtés.

Cependant, ni l'un ni l'autre, ne peut y trouver à redire, puisque la société contemporaine prétend ne plus retourner en arrière.

A maintenir l'ordre dans cette atmosphère nouvelle et surchauffée, la tâche est difficile, j'en conviens, mais la justice, toute la première, doit y veiller.

*
**

Si aux abus du moyen-âge, nos pères ont désiré substituer plus d'équité, il ne faut pas que ceux qui ont gagné au change, cherchent à leur tour, maintenant, à créer ou tolérer d'autres abus, tout aussi criants. Il ne faut pas que les souverains, auxquels on a confié le soin des intérêts du peuple, sous un tout autre régime que celui sous lequel ils régnaient autrefois, usent de leur influence pour obtenir, par des voies détournées, des résultats que la société moderne a condamnés.

Les rois ne peuvent vouloir, que ce qui est juste. On aura beau dire au souverain : Il faut qu'il y passe, que nous le ruinions, que nous le jetions à la rue, comme un malfaiteur, nos plans comportent ce sacrifice ; en honnête homme, il répondra : Si vous l'exigez, je me retire. Et pourquoi un chef d'État aurait-il moins de dignité et de consc'ence, qu'un simple bourgeois ? Pourquoi, celui qui distribue des faveurs, des titres honorifiques, des croix et des crachats, ne serait-il pas tenu tout le premier, à ne rien permettre qui ne soit juste et humain ? Épargner la vie aux assassins et sacrifier un innocent, quelle coupable inconséquence !

Quand le peuple comprendra-t il, que ceux qui le flattent et lui rabachent, chaque jour, tous les bienfaits dont il jouit, le trompent.

On a dit à la foule, travaillez, prêtez-nous vos bras, votre intelligence et jouissez à votre tour. Voici des plaisirs, buvez, mangez, enivrez-vous à toutes les séductions que nous semons sur votre passage ; et cette sotte, sans se douter des conséquences que devait amener pareil dérèglement, s'est appauvri à tel point le sang, que les optimistes mêmes redoutent déjà une dégénérescence prochaine. Ce résultat n'était pas prévu, mais le but était atteint. A côté du travailleur, il fallait placer la tentation, de manière à lui enlever à jamais son indépendance. D'autres nations avant nous, ont résolu en partie le problème, pourquoi fallait-il attendre si longtemps pour les imiter ?

Les rois oublient leurs devoirs, lorsqu'ils prêtent la main à ceux qui veulent faire d'eux les exécuteurs bénévolents de leurs stratagèmes. Aussi bien aujourd'hui qu'autrefois, ils peuvent aveugler la foule et faire miroiter à ses yeux un avenir brillant souvent incertain cependant. Avec les meneurs à leur dévotion, il leur est souvent permis de soigner bien des intérêts à la dérobée, en ne négligeant pas les leurs. Mais ce qu'ils ne pourront bientôt plus, c'est sacrifier une partie de leurs sujets au profit des autres.

L'opinion publique, quoique parfois aveuglée elle aussi, se

soulèvera, espérons-le, contre ces hécatombes humaines, en vue d'un but déterminé, où la justice est méconnue.

La Belgique pour ne prendre que ce seul exemple, est en miniature, ce qu'est la France. Elle lui ressemble sous tous les rapports : même origine, mêmes mœurs, même religion, même langage, même éducation.

Nulle part les chocs du siècle dernier n'y ont été plus ressentis. Abandonnée à sa propre initiative, depuis son indépendance, elle n'a cessé de s'élever, à l'égal de ses voisines. Les arts, les sciences, l'industrie, le commerce, y ont été des plus prospères et l'on peut dire, que sous bien des rapports, elle en impose à ceux qui seraient tentés de l'amoindrir.

Elle a ouvert son territoire à tous ceux qui désireraient jouir de ses richesses. Toutes les nations l'adulent et lui tendent les bras. Ce qu'il faut craindre cependant, c'est qu'à force de l'étreindre par amitié, on ne l'étouffe enfin par intérêt.

A sa population trop dense, on a cherché un écoulement à l'étranger et personne n'ignore que c'est à des contrées barbares, malsaines, convoitées cependant par des nations puissantes, qu'on a donné la préférence. Ce choix ne fut pas goûté d'abord et des années s'écoulèrent en luttes assez vives, avant que le souverain ne se décide à ses propres frais, à entreprendre une œuvre au-delà des mers.

Le belge tient au sol qui l'a vu naître et ni son éducation, ni son instruction, n'est tracée en vue de sa nouvelle destinée. Un État minuscule, neutre, toléré seulement par des voisins puissants, ne peut sortir de sa sphère d'action normale, sans se heurter à de grands obstacles. Comment se fait-il, qu'il se soit engagé, tel qu'il l'a fait, dans une voie si critique, au péril de sa propre existence.

Il est vrai qu'il s'est ménagé une porte de sortie et qu'il ne prête momentanément qu'un appui indirect à une œuvre dangereuse.

Mais, ce qui est plus grave, c'est de faire ressortir aux yeux de tous, le danger des royaumes constitutionnels.

Le roi y règne et ne gouverne pas, il est vrai, mais il est chef de l'armée et en dispose. Pour mener à bonne fin une entreprise aussi importante, que celle de soumettre une vaste contrée à sa domination, le souverain doit avoir à sa disposition une armée bien aguerrie et habilement conduite.

Comment concilier les obligations d'un pays neutre avec pareilles nécessités? Comment, d'autre part, employer à des intérêts privés, des officiers et des hommes soigneusement élevés pour la défense de la patrie? Le courage se côtera-t-il bientôt aussi à la bourse, comme les actions des monarques?

Que d'hommes sont morts là-bas, à la défense d'intérêts privés, sans qu'aucun organe n'ait protesté. Il est vrai qu'ils y sont allés de plein gré, dans l'espoir d'un sort meilleur, comme l'adolescent qui se fait moine ou l'ivrogne qui s'enrôle et constate, avec stupeur, en regagnant la raison, l'obligation qu'il a contractée.

La majorité des gens ne s'intéressent guère à ces opérarations lointaines. Les pères de famille eux-mêmes, préoccupés de leurs intérêts directs, ne songent souvent pas au sort qui attend leur progéniture. Un peuple cependant, ne peut être assimilé à un troupeau qu'on entraîne dans la montagne, au risque de le voir enlever un jour par le voisin au nom des principes modernes : la force prime le droit.

Le belge n'a pas perdu de son esprit humoristique; demandez lui donc : si le Congo était en péril, qui en défendrait les côtes? Nul doute qu'il ne réponde : le roi avec son bâteau de plaisance.

N'est-il pas douloureux de voir notre avenir abandonné à toutes les éventualités et bien souvent au caprice de ceux que nous dérangeons?

La Belgique n'avait guère, il y a trente ans, qu'un faible espace inculte, la Campine, que l'on mit alors en culture à grands frais. C'était un coin perdu, vers lequel on ne se dirigeait pas volontiers.

Quand j'en vins un jour, à déranger mes voisins, ils n'eurent rien de plus empressé, que de me dire, en ricanant : Si vous désirez voir renaître le printemps et la nature se couvrir de fleurs, allez en Campine, là bas vous ne serez plus une gêne. *Ici, personne n'est libre, pas même le roi !*

C'est ainsi, qu'à l'avenir, quand nos neveux entreront dans l'action, on leur dira de même : Allez au Congo !

Déjà les syndicats en Belgique fonctionnent en grand nombre ; le pays ne sera bientôt qu'une vaste volière, où l'on enfermera la population tout entière. Qui ne se laissera prendre dans les mailles de ce filet adroitement tendu, ne fera plus partie du peuple. Allez au Congo ! dira-t-on ; là bas vous serez libre ; ici, ne sont admis que ceux qui se soumettent à la loi commune.

Ce qui est chez d'autres nations une source de richesses, ne sera bientôt ici qu'une source de despotisme.

Les lois économiques nous démontrent cependant qu'en dehors des initiatives, il n'y a rien à espérer pour le progrès. Rompre avec ces lois et s'efforcer par des chemins détournés, à reconstituer la communauté sous une autre forme, c'est s'engager dans une voie dangereuse.

On parle de l'aveuglement des foules, de la naïveté d'un simple bourgeois ; on déplore l'anarchie qui règne partout ; mais, qui oserait nier, que ce n'est plus d'en haut que nous vient toujours la lumière?

Les rois, croiraient-ils augmenter leur popularité, en se mêlant comme le simple vulgaire à la foule. Que d'exemples n'ont-ils pas, pour leur démontrer, que pareille conduite leur fut toujours préjudiciable. Nous payons les rois pour faire de la politique, disent les malins, mais, ils n'ont rien de de plus empressé, que de leur jeter la pierre, lorsque les stratagèmes qu'ils ont eux-mêmes encouragés, viennent à tourner à leur désavantage.

Les hommes sont naifs, je le reconnais, et on n'a que trop abusé de leur bonne foi ; mais, si les foules sont bonasses, elles sont parfois terriblement cruelles et le châtiment vient à son heure.

Si les royaumes doivent disparaître, avec toute leur organisation sociale, ainsi que les peuples semblent le vouloir, les stratagèmes de la politique n'y changeront rien. Le chef d'un état constitutionnel ne peut être en même temps, un roi et un chef de république. Ces condescendances ont été tentées déjà et n'ont donné aucun résultat. Quoiqu'il prête serment de fidélité à la constitution, il n'en est pas moins aux yeux du peuple, un monarque puissant, dont il attend souvent ce qu'il ne peut octroyer. Un roi constitutionnel se trouve donc sans cesse dans une situation délicate et nous n'assistons qu'à regret à ce douloureux spectacle d'une noblesse déchue, se raccrochant péniblement à un monarque sans autorité et le poussant à toutes sortes d'entreprises, afin d'améliorer son sort. A ce jeu, les caractères faiblissent et les ruses d'en haut trouvent de nombreux imitateurs dans la foule. Ce que les hommes d'état réalisent en gros, les citoyens le réalisent en détail, aux dépens de leurs rivaux et le pays tout entier se transforme bientôt en un vaste marché où l'homme s'achète et se vend, tout comme au pays des esclaves.

Tout cela est fort triste, mais au mal il n'est qu'un seul remède. L'avenir est au travail et ceux-là sont bien coupables, qui en endénaturant le but, cherchent à exploiter les gens laborieux qui lui consacrent toute leur énergie et trop souvent leur vie entière.

Oui, quoiqu'on puisse dire, le travail doit être à l'avenir, la tâche du plus humble, comme celle du plus riche. Il faut, pour le repos de l'humanité, que l'on cesse de faire deux camps ; celui des pauvres et celui des fortunés ; celui des travailleurs et celui des désœuvrés ; celui des catéchumènes et celui des initiés. C'est à cette division de la société qu'est dû en grande partie, le mal qui la ronge. Maintenir sous le joug ceux qui ne doivent s'élever , rehausser ceux dont la servilité est assez grande et la conscience assez lâche pour se plier à tous les ordres, quels qu'ils puissent être, tel a été le mobile de tous ceux qui ont tenu les rênes du gouvernement, à quelque parti qu'ils aient appartenu. Et bien, ce qui a été ne doit plus être. Non seulement parce que ce régime est odieux, mais parce qu'il est anti social. Parce qu'il détruit chez l'homme tout ce qui est capable de l'ennoblir et développe chez lui, tout ce que la nature y a déposé de perversité.

L'homme riche seul échappe à toute servitude et à tout devoir nettement déterminé. Un coup de bourse, un héritage inattendu, un mariage d'intérêt, un vol, une escroquerie, une concussion, que sais-je encore, et l'avenir est assuré. La famille, dès lors, sort du sillon accoutumé et pendant nombre de générations, peut-être jouira d'un privilège incontesté.

Le contribuable payera ses contributions, le citoyen fera ses vingt-huit jours ou payera un remplaçant, là où le service n'est pas obligatoire et l'Etat n'aura plus à se préoccuper que de ceux qu'il tient à la tâche. Sur cette base antédiluvienne, se greffent l'église et l'Etat, les conservateurs et les progressistes, les libéraux et les catholiques, les croyants et les libres penseurs, les dupeurs et les dupés. Hors de là, pas de salut ; vous vous plaignez de ce que nous vous rendons la vie dure, allez chez le voisin et voyez s'il vous la fera plus douce.

Serait ce pour arriver à ce résultat, que la révolution aurait amoncelé tant de ruines? Qui oserait prétendre que ceux qui ont renversé le vieux monde, n'aient eu en vue que de transformer les abus ; que de former une société où l'argent serait le seul mobile de l'existence et où tout s'excuserait, sous prétexte de n'y rien pouvoir changer? Quoi que l'on fasse, il est vrai, l'intérêt doit guider l'homme. C'est lui qui doit le porter à faire les sacrifices de chaque jour que le progrès réclame. Mais il est nécessaire, d'autre part, que cette activité ne l'absorbe pas au point de lui faire oublier d'autres devoirs que la société réclame à son tour.

Les politiciens ont cru pouvoir trancher la difficulté, en neutralisant les forces, mais nous sommes tous d'accord aujourd'hui pour reconnaître que ce jeu, si funeste à la concorde, et surtout à la santé publique, n'a entraîné que des désastres.

Aurions-nous obtenu un meilleur résultat, en ce qui concerne la famille, bien autrement stable autrefois qu'elle ne l'est de nos jours? Le mariage, cette union si sainte, qu'un auteur célèbre idéalise à ce point qu'il regrette de ne pouvoir transporter l'homme et la femme dans un paradis terrestre, où la chair ne parlerait plus ; le mariage, cette union de deux cœurs, cet engagement perpétuel de ne négliger aucun sacrifice au bonheur de la famille à venir ; le mariage, source des plus vifs élans du cœur dans la jeunesse, du repos dans la vieillesse, que de boue, ne le souille t'on pas chaque jour. Il a cessé chez beaucoup, d'être un sacrement ; il n'est plus que rarement une union. On ne choisit plus, on accepte ou on refuse. C'est un marché, non une union.

Gare à ceux qui fidèles aux cris de leur cœur, repoussent avec indignation des procédés aussi révoltants. On les traite d'exaltés, d'artistes, nés pour vivre, comme Chloris et Daphné, dans un monde imaginaire.

Si l'on est de son époque, il faut prendre la femme pour son argent et payer ses dettes et sa maîtresse avec la dot qu'elle apporte. Il faut la laisser au soin de son ménage, entourée de ses enfants, tandis que l'on va rejoindre ses amis en fête. Il faut l'amoindrir aux yeux du public, si l'on est d'une condition supérieure à la sienne ; la lancer dans le monde, comme un objet de luxe, si au contraire sa condition l'emporte.

Il faut en tout cas qu'elle soit un objet utile et jamais une gêne. Que l'on soit mal élevé, ignorant, paresseux, stupide, peu importe, la richesse n'a pas de défaut. Malheur à ceux qui, sans fortune, viennent à leur tour, réclamer quelques sourires, ils sentiront bientôt le terrain s'effondrer à leurs pieds. Tant de prétention et sans fortune ! quelle audace !

Heureux les gens simples, qui trouvent le repos et la fortune, sans jamais les avoir ni rêvés ni cherchés. Ils sont les plus heureux des mortels, parce qu'ils ignorent des désirs, que tant d'autres ne peuvent jamais satisfaire. S'ils sont intelligents, leur union donnera d'excellents fruits et leur bonheur ne sera que rarement troublé, en dehors des accidents inévitables de la vie, si l'ambition ne fait irruption au sein du ménage.

Tout autre est le sort des malheureux qui, sans fortune, doivent se créer un chemin dans la vie, après avoir reçu tout ce que l'éducation apporte avec elle d'exigences et d'aspirations. Le travail leur permet de vivre, s'ils sont actifs et d'élever leurs enfants, s'ils sont mariés, mais que de soucis empoisonnent leur existence, aujourd'hui que la lutte est si grande et l'avenir si incertain, pour ceux qu'ils laissent après eux.

Faute de ne pouvoir se marier dans les conditions qu'ils désirent, beaucoup reculent leur mariage à un âge qui ne leur permettra plus de jouir de leur enfants, de leur laisser le précieux trésor de leurs conseils et de guider leurs premiers pas dans la vie. C'est là un mal qui grandit chaque jour et qui devrait faire réfléchir ceux qui cherchent à apporter quelque amélioration à notre société moderne.

Beaucoup de jeunes gens aussi ne se marient pas, non par cequ'ils ne peuvent subvenir aux besoins de la famille, mais parcequ'ils prévoient qu'ils ne pourront laisser à leurs enfants une position égale à la leur. C'est ce qui multiplie le nombre des célibataires, parmi ceux surtout, qui ne font rien à la légère et qui seraient les plus aptes à laisser derrière eux des sujets intelligents.

Abandonner la famille, à tous les aléas d'un avenir toujours plus incertain, serait ce là, ce que la révolution a voulu ? Évidemment non ; elle n'a pas non plus désiré, voir disparaî tre la probité, une des bases fondamentales de nos nations civilisées. Si les transactions, jadis, n'étaient pas toujours exemptes de reproches, nous ne pouvons cependant prétendre qu'elles le soient aujourd'hui. Jamais on ne vit dans les temps passés, cette tendance déplorable à tout falsifier, à tout contrefaire. Le consommateur est, en toute circonstance, une bonne fortune pour celui qui l'exploite et nous ne sommes que trop bienveillants à l'égard du coupable.

Désireux de jeter un voile sur toutes nos faiblesses, nous avons des condescendances pour les plus grandes plaies. Les savants même trouvent des excuses à la guerre. Elle est abominable, en opposition avec notre civilisation, disent-ils, mais elle sert la science. En tuant notre prochain, nous levons le voile de phénomènes dont la science n'aurait jamais profité sans cela.

Mais ceci n'est que l'apologie d'un mal inévitable à ce qu'il parait ; notre cœur est plus attristé, lorsque nous lisons les impressions d'un prince qui consacre une partie de son temps aux explorations scientifiques.

L'homme sain de corps et d'âme, s'écrie-t-il, jouit d'une émotion puissante en songeant qu'il traverse la vie sans rien devoir à personne. Comment Prince, devraient lui dire les savants, comment, vous croyez traverser la vie sans rien devoir à personne, lorsque la société réclame à grands cris la suppression de l'abominable roulette qui marche sous votre égide. Que de troubles n'a-t-elle pas jetés dans les familles ; que de malheureux n'a t elle pas réduits à la misère ; que d'infortunés dans un moment de désespoir, n'a-t elle pas lancés dans la tombe ? Tous les jours on la condamne et combien la maudissent. Ces malédictions ne souillent-elles pas votre œuvre et sont-elles donc impuissantes à vous désaveugler ?

Non, Prince, jamais vous ne pourrez vous flatter de traverser la vie sans rien devoir à personne, que lorsque vous aurez rendu à la société ce qu'elle réclame depuis si longtemps. La science, cette pauvrette si généreuse à l'égard de l'humanité tout entière, ne trouvera-t elle donc des cœurs généreux et désintéressés, pour lui venir en aide ? Faudra-t-il, qu'elle aille, elle aussi, quémander ses faveurs aux champs de courses et aux écervelés du jeu ? Faudra-t-il, que cette source si pure, à laquelle le génie moderne emprunte tant de découvertes, soit aussi souillée par les dépouilles des malheureux que la folie des émotions réduit à la misère ?

Nous sommes plus malades que nous ne le croyons et ne savons à qui confier le soin de nous guérir. Nous sentons le mal qui nous ronge, mais nous préférons ne pas y songer. Les uns regardent en arrière en gémissant, d'autres fondent l'avenir sur des bases insuffisantes. On tolère les abus, pour ne pas ameuter la foule. Les plus sages se tiennent à l'écart, conscients, que pour redresser l'édifice, il faudrait le concours de tous, et que la concorde n'est nulle part. Tirez-vous d'embarras, disent nos maîtres, vivez de ce que vous avez, procurez-vous ce qu'il vous faut, honnêtement si vous le pouvez ; soyez raisonnables, nous fermerons les yeux. N'attendez pas les arrêts de la justice, les juges eux-mêmes ont beaucoup à débrouiller et la vie est courte. Vivez dans le désordre, c'est la loi commune : le temps passé ne revient plus.

Voilà la philosophie dont on nourrit la foule et qui doit servir de base à ceux qu'on élève à notre école.

Entretemps, il faut répondre aux exigences des plus remuants et des plus avides, car ils sont une force toujours à redouter pour la tranquillité de chaque jour. Ils prêchent la liberté pour eux-mêmes, mais la redoutent pour leurs intérêts personnels, quand d'autres leur portent ombrage. A se ménager leur appui, toutes les forces actives de la nation leur font la courbette, au mépris du bon sens et de l'honnêteté, ainsi qu'un simple dialogue nous en trace les pénibles conséquences.

La Comtesse. Eh bien M' l'abbé, m'apportez-vous des nouvelles de mon fils? Est-il toujours aussi occupé, toujours poursuivi par ce dada des affaires? Quel malheur ! avoir une jolie position, pouvoir se passer bien des fantaisies et se mettre volontairement un tas d'embarras sur le dos ; quelle folie! Si nous parvenions à lui créer quelques ennuis ; peut-être, le découragerions-nous.

L'abbé. Inutile, madame, tout se vend ; il renonce à son entreprise.

La Comtesse. Comment, mon fils !

L'abbé. Oui, Madame, ne m'avez-vous pas exprimé tout le regret que vous éprouviez de le voir à la besogne. J'ai pour vous plaire mis sur pied, toutes les dévotes du temple, avec mission d'engager ses clients, à ne pas s'approvisionner chez lui. Je me suis, de mon côté, rendu chez ses concurrents, afin de les prier d'entraver ses opérations. Ils ont beaucoup ri, m'ont fait un tel accueil que, quoique leur adversaire politique, je suis sorti de chez eux, un peu lancé.

Ah ! Madame, je connais les hommes, les plus sauvages deviennent doux comme des moutons, dès qu'on chatouille leurs intérêts. Naturellement, l'effet s'est fait sentir. Votre fils s'est aperçu du mauvais vouloir de son entourage ; il s'est indigné que des gens d'affaires qui jettent chaque jour la pierre aux désœuvrés, aient pu lui jouer un mauvais tour. Il a renoncé au travail et fait tout vendre.

La Comtesse. Que m'apprenez-vous ? Mr l'abbé ; Gaston va donc redevenir sérieux et nous apporter les consolations que nous étions en droit d'attendre de lui ?

L'abbé. Pas tout à fait, Madame — Gaston fait la noce et perd chaque soir, dit-on, de fortes sommes au jeu. J'ai obéi, Madame, à vos ordres. J'ai arraché votre fils au travail, dans le but de favoriser vos desseins, persuadé d'autre part, que je me créais des amis, en écartant un concurrent actif ; mais, ne l'oubliez pas, Madame, le salut de l'homme est dans le travail. Vous préférez au labeur quotidien, la politique avec toutes ses ficelles, toutes ses embûches, tous ses compromis, toutes ses trahisons ; je préfère moi, tout politicien que je suis, au service de mon sacerdoce, le travail de mon prochain. Celui-ci, quelque désordre qu'il amène parfois par la concurrence, reste toujours productif, au sein de la société, tandis que nos biais n'entraînent que trop souvent avec eux, la ruine et la désolation. Aller au secours des moins fortunés, leur ouvrir des voies nouvelles où ils puissent avec intelligence et assiduité améliorer leur sort ; leur montrer le but qu'ils doivent atteindre, et faire en sorte qu'ils y trouvent sûrement la récompense qu'ils méritent, voilà ce qui nous reste à créer, dans le courant du siècle.

La société en se transformant sans cesse et prenant subitement, grâce au développement de l'instruction, une voie toute nouvelle, nous imposait le devoir de prévoir les effets de la cause, de nous plier aux circonstances et de modifier à cette fin notre régime social. L'avons-nous fait ? non, n'est ce pas ? Rome nous trace notre ligne de conduite ; il ne nous appartient pas d'y changer quoi que ce soit. Nous avons cessé d'être de bons pasteurs ; la foule nous méprise et nous abandonne aujourd'hui. Voulons-nous son malheur, nous, qui avons charge d'âme et pour mission d'améliorer son sort ? Évidemment non.

Le mal réside dans la rupture de l'unité, qui régnait chez nous dans les siècles passés.—La génération actuelle, soumise à un tout nouveau régime, cherche difficilement à s'orienter. Nous trouvons dans son sein des opinions, des aspirations, des tendances si diverses, qu'il ne nous est plus possible de marcher d'un pas sûr. Ceux qui persistent dans les voies anciennes, meurent peut-être, fidèles à leurs principes, fiers de n'avoir rien immolé au fétiche moderne, mais, sont-ils bien certains aussi, qu'ils ne sacrifient du même coup leurs propre progéniture?

Au milieu de ce chaos, qu'elle est la voie qu'il faut suivre? Si tout est sombre autour de nous, où peut-on trouver un rayon de lumière? Madame, je n'hésite à le dire, c'est dans le travail. Dans la voie, dans laquelle vous avez inconsciemment entraîné votre fils, tout est à redouter, rien à espérer. De chûte en chûte, la ruine viendra et peut-être avec elle le déshonneur.

Votre but était, je le sais, de le lancer dans la politique, de le faire lutter fièrement contre ceux qui cherchent par tous les moyens en leur pouvoir, à détruire, au sein de vos familles, ce que la tradition y a laissé de noble et de généreux. Je n'ignore pas que ces qualités de grande valeur n'ont que trop de tendance à faire place à de viles combinaisons d'intérêt et qu'il faut des âmes grandes et des esprits élevés, pour montrer à la foule rapace que la tempête n'a pas tout emporté; mais, je prétends, que s'il fallait aux chevaliers d'antan, une épée toujours soigneusement aiguisée, pour porter des coups à bon escient, il nous faut aujourd'hui recourir à d'autres procédés plus pratiques et plus utiles.

C'est dans le travail que l'homme à l'avenir, doit trouver son salut. C'est lui qui doit le purifier, le régénérer. J'eus préféré votre fils, aux prises avec toutes les difficultés qu'amènent des opérations de toute sorte, que de le voir épuiser ses forces et sa fortune en pure perte et souiller à la longue le sang généreux, dont à juste titre vous êtes si fière.

Je connais la politique, pour la pratiquer chaque jour. Vous savez, Madame, combien je suis dévoué à mon sacerdoce et les sacrifices que je fais, pour y mériter l'estime dont vous m'honorez ; mais, croyez le bien, si j'avais un fils, Madame, c'est avec fierté que je le verrais sortir, tout souillé, des égouts de la ville. Un bain épure un égoutier ; en politique il est des tares qu'on n'efface jamais.

L'abbé dit vrai ; mais que dirait le Pape s'il l'entendait.

La Rédemption par le travail est une doctrine toute moderne que ne pouvait prêcher le Christ au temps des esclaves. Ne nous étonnons donc pas qu'elle ne soit universellement admise. L'église légataire des saints écrits ne peut que répéter ce qu'elle a toujours dit : priez et l'on vous écoutera ; frappez et il vous sera ouvert. Jamais, elle n'a fixé d'époque ni pour vous écouter ni pour vous ouvrir. Le pût-elle, que l'Etat inquiet de tant de bienveillance, y mettrait bon ordre et s'empresserait de couper la source d'une pareille prodigalité.

Rome, dit-on, s'est ralliée à la république ; mais, comment le pourrait-elle, quand même le pape le voudrait.

Le catholicisme est essentiellement aristocratique et la papauté n'a jamais renoncé à la couronne. Elle a des comtes, des dignitaires de tous ordres et prodigue encore de nos jours les titres de noblesse. Comment se rallierait-elle à un régime tout juste en opposition avec sa doctrine. Qu'elle veuille tendre la main à une nation amie, qui dans le passé, n'a cessé de partager ses principes, de concourir à sa gloire, à sa puissance ; de la défendre contre ceux qui tâchaient d'empiéter sur sa domination, nul ne peut en douter ; mais, qu'il soit possible d'admettre, qu'elle consente à se rallier aux principes de la révolution, qui est assez aveuglé pour y croire ? En paraissant faire des concessions pareilles, ne jette-t-el pas le trouble dans l'esprit de ceux-là même qu'elle a mission d'éclairer ? Prétendre conduire la jeunesse dans tous les dédales d'une religion, d'où le libre arbitre est banni et faire chanter la Marseillaise par des religieuses et leurs élèves, n'est-ce pas le comble de l'inconséquence ?

On semble n'attacher à tout cela, aucune importance, mais, oublie-t-on que l'incohérence des principes dans la jeunesse entraîne avec elle, l'incohérence des mœurs à l'âge mûr ?

Le drapeau n'est qu'un chiffon et cependant, par les honneurs qu'on lui rend, il revêt aux yeux de ceux qui le défendent, une incomparable majesté.

C'est à la défense d'un idéal, la liberté, que nous marchons depuis cent ans, idéal que les jeunes nations ont depuis longtemps réalisé. Faut-il les suivre dans cette voie ou répudier un régime qu'on prétend déplorable pour nous e. retourner en arrière ? C'est cependant là une question, qui intéresse le plus humble et sur laquelle il est urgent de nous mettre d'accord. Si la France est républicaine, aujourd'hui, d'autres régimes n'ont pas été mieux accueillis autrefois et nous voyons à tout instant, surgir chez ses voisines, des conflits des plus compromettants.

La question n'est donc pas constitutionnelle, mais bien sociale. Quel que soit le régime auquel nous donnions la préférence, il faut l'accepter avec ses abus et ses avantages, car il serait insensé de prétendre qu'il y en ait un seul de parfait.

Le Pape déplore l'état d'anarchie dans lequel vit la société moderne, mais n'est-elle pas inhérente à toute époque de grande évolution sociale? Tandis que tous les peuples s'efforcent de s'affranchir des anciennes formes démodées, en opposition avec les progrès modernes, Rome, fidèle gardienne des traditions catholiques, sent de jour en jour, s'affaiblir son influence. Elle ne peut faire de concessions notables, sans manquer à ses engagements séculaires, tandis que d'autre part, ces concessions semblent impérieuses.

La situation est des plus délicates ; qui la modifiera? Le pape sera t-il roi comme jadis, entouré de soldats et partant en guerre, comme aux époques belliqueuses de ses prédécesseurs? Faudra-t-il queles souverains hérétiques aillent comme autrefois, implorer sa grâce, et, couverts de Bure, se jeter à ses pieds? La société s'est tellement transformée depuis, que des procédés pareils nous semblent du domaine de la fable.

Les principes d'indépendance, qui ont d'abord dicté la conduite des nations, se sont peu à peu transmis au sein des familles et l'on peut affirmer aujourd'hui, que cette indépendance a servi surtout les nations chez lesquelles elle est née. C'est que les esprits, affranchis de préoccupations de nulle valeur, se sont dès lors portés sur des sujets plus sérieux et surtout d'une utilité plus réelle. Tandis que les cultes dissidents diminuaient leur faste et entraient dans des voies administratives plus pratiques, tout en prêchant à leurs fidèles une morale sévère, le catholicisme, gardait soigneusement à l'entrée de ses temples, le bénitier sacré, symbole de toutes les félicités qu'elle promettait dans l'autre monde. Grâce à son administration universelle, Rome, mieux qu'aucune autre puissance, était bien placée, pour métamorphoser, le cas échéant, les béatitudes célestes en jouissances réellement terrestres, mais il lui restait sur les bras de lourdes tâches à remplir. La société moderne d'ailleurs bien autrement constituée qu'autrefois, lui rendait la tâche encore plus difficile. Certes, les gens dévoués ne lui manquent pas; mais ils ne peuvent, malgré tout leur bon vouloir, modifier l'état actuel du monde, qui déroute leurs plans le plus soigneusement étudiés. Le monde est ouvert à tous; à tous aussi, s'ouvrent les voies nombreuses qui en font le tour. Qui en multipliera les richesses; qui en jouira; qui sera le maître; qui l'esclave. Le Christ a fait de nous tous des frères, mais, il en est, qui prêchent l'évangile en nous disant, que Dieu qui fait bien ce qu'il fait, a fait croître à leur portée, la verge qui devait servir à nous mener. Nous nous disons tous des frères, mais, nous nous traitons en frères ennemis, ce qui n'est certes pas conforme à l'esprit du christianisme. Rome même, si attristée du malaise qui règne au sein des nations, n'a-t-elle pas toute la première, jeté la discorde dans les rangs, lorsque au siècle dernier, elle écarta le prêtre de ses fidèles, pour le lancer dans les voies tortueuses d'une politique sournoise?

Le catholicisme est pourri, écrit un théologien célèbre, décédé récemment. Écrit-il à la légère, lui, qui du culte en connaissait tous les détours?

Bornons-nous à dire, que pour quiconque interroge son expérience, le culte n'est plus aux yeux de la foule ce qu'il était jadis. Le fidèle croit moins et cela n'est que fort naturel, car, ce qu'on lui fait faire, n'est souvent qu'une suite de représailles, qui loin d'élever son âme, l'avilit et l'endurcit. Quand le culte n'est plus qu'un spectacle propre à distraire les femmes et les enfants et ne sert qu'à grouper quelques fidèles en vue d'une attaque, il cesse d'en imposer.

Aujourd'hui, plus que jamais, la famille perd en stabilité. Les besoins de l'existence nous entraînent en tous sens; nous ne pouvons que rarement rester où nous sommes nés. Aux prises avec toutes les luttes de l'existence, il nous faut un guide, parfois une âme compatissante, qui nous tende la main et soulage nos douleurs. Si le prêtre, jadis, était utile, combien son ministère aujourd'hui, serait précieux s'il savait s'en servir. Hélas! il perd chaque jour de son prestige et bientôt n'en aura plus du tout. C'est que, conduit dans une fausse voie, il ne se rapproche de son troupeau que pour y prêcher la guerre et faire preuve de déplorables contradictions. Autrefois, le prêtre catholique se mariait et apprenait ainsi tout ce que la famille requiert de dévouements et de sacrifices.

Il prêchait d'exemple et certes, il ne pouvait mieux le faire, qu'en montrant à ses ouailles, comment on élève sa famille pour son bonheur et l'épuration de sa morale. Comment pourrait-il être en union parfaite avec ses fidèles et comprendre leurs aspirations, lui, que des liens éphémères attachent seuls au foyer et qui n'a rien à prévoir au delà de la tombe. On le dit trop absorbé des soins de son troupeau, pour pouvoir encore s'occuper de sa propre famille; mais, comment pourrait-il en être ainsi, lorsque nous voyons tant de nations prospères, nullement disposées à nous imiter?

Ce que réclame la chrétienté, c'est de la part du prêtre, plus de bienveillance et moins d'artifice. Si le culte a des mystères, le prêtre ne peut en créer encore, au sein des familles, lorsque de grands troubles doivent en résulter. Il ne peut surtout, abuser de la confiance que ses fidèles mettent en lui, en permettant que les faits contredisent la doctrine. Dire à un malheureux, nous savons ce qu'il vous faut, mais ne pouvons vous le donner, n'est nullement lui venir en aide, mais l'en voyer promener. Si le rôle du pasteur se borne à si peu de chose, nul doute que l'opinion publique ne tende à le supprimer.

Nous savons tous que là, où régnait le despotisme le plus révoltant, le christ est venu prêcher une doctrine toute de bienveillance et de charité. C'est de cette doctrine que les zélés du culte tendent à s'écarter, en se groupant pour la lutte. Or, l'histoire nous apprend qu'elle tourna non seulement à l'affaiblissement de l'église, mais, à la multiplication de sectes nombreuses où l'on ne retrouve plus même les anciennes traditions.

Si nous envisageons la situation actuelle de la société, en tenant compte, de ce que l'histoire nous apprend et en refoulant en nous, tout ce que la passion peut nous suggérer de malsain, nous ne pouvons tous vouloir, que marcher en avant. Or, chez qui nous faut-il, à cet effet, aller emprunter les leçons, si ce n'est chez les nations jeunes, qui sans préjugés d'aucune sorte, se sont perfectionnées avec une célérité si prodigieuse, que leur prospérité nous éblouit.

Eh bien le faisons-nous? Pas du tout; chacun entend mener sa boutique comme par le passé, et l'étiquette seule a changé; étiquette menteuse, car elle ne répond pas à ce qu'elle dit renfermer. Mais on oublie que faute de se rallier à une idée fixe, à poursuivre une voie bien tracée, à s'efforcer d'atteindre dans l'avenir un but bien déterminé, on prépare les générations futures pour le plus parfait désordre, pour un antagonisme inguérissable. Au sein d'une même nation, on ne se reconnaîtra bientôt plus et les familles sous le même toit, se demanderont étonnées, si elles ont vu le jour sur le même sol.

Les intérêts matériels pourront ils aussi marcher ainsi sans ordre ni méthode, sans amonceler les ruines. Y aurait-il moyen de les séparer de telle façon, qu'ils n'aient rien à voir entre eux. Un halluciné seul, pourrait s'en faire un Credo.

Quels sont, en fin de compte, ceux qui en souffriront. Nos descendants, n'est ce pas, et alors, pourquoi nous en inquié-ter, diront certains égoïstes, puisque nous n'y serons plus.

N'est-ce pas déjà, le malaise qui se fait sentir, la confusion qui commence. La probité, l'honneur, le dévouement, la con-science faiblissent de jour en jour. On serre les rangs ; on veille à ce qu'aucun dessein, aucun plan ne soit divulgué. L'hostilité est déjà telle, que l'on redoute la moindre indis-crétion. Gare à vos parents, à vos frères, à vos sœurs, à vos soi-disants amis, car leurs intérêts peuvent ne plus être les vôtres demain, si un coup d'aviron conduit la barque dans une autre direction. Est-ce un mouvement stratégique, une duperie, un traquenard, dans lequel on vous fait tomber, pour le salut des autres ; est ce un altruisme moderne, avor-ton d'un état social mal équilibré. Est-ce l'aurore de la li-berté, ou la lumière blafarde de l'esclavage, qui à travers les siècles, nous arrive de l'antiquité. Qui nous le dira !

Interrogez, pleurez, suppliez, cherchez à découvrir le my-stère des souffrances que vous endurez.

En tous cas, faites place, car les gens sont pressés, ne les dérangez pas, car ils vous enverront promener ; ne leur de-mandez pas de vous expliquer, pourquoi on vous empoisonne l'existence, après avoir sacrifié votre jeunesse au service de vos semblables ; n'interrogez pas, car ils sont liés, assermen-tés, incapables de vous aider, sans encourir les plus grands châtiments.

A tous propos, en toutes circonstances, ils affectent un dé-voûment sans bornes à l'humanité. Par des publications sans fin, aux programmes les plus divers, ils prêchent le plus grand désintéressement. Mais, recourrez à ceux qui chaque jour tracent au public sa ligne de conduite ; priez-les en grâce, au nom de la justice, de l'humanité même, de défendre vos droits méconnus, pas un ne bougera. Assujettis à une discipline sévère, c'est à leur chef qu'ils obéissent et pas un mot de leur main ne passe à la presse, qui n'ait été soigneusement contrôlé. Ce que nous voyons dans les publications diverses, n'est pas l'emblème de la vérité, mais le spectre de la dissimulation sous toutes ses couleurs. Ont-ils oublié, ceux qui tiennent la plume, que l'arme qu'ils manient doit être toujours au service du droit et de l'honneur, comme l'était jadis l'épée aux mains des chevaliers et qu'en ne cherchant dans leur profession que des intérêts tout matériels, ils ont abdiqué leur généreuse mission ?

C'est l'ancien sou du malheureux qu'ils perçoivent, en retour duquel ils n'osent même plus prendre sa défense. S'il y a des malheureux sous les haillons, il en est aussi d'autres, moins mal vêtus, et ceux-là méritent d'autant plus l'attention, qui sont victimes d'efforts que la foule a le plus encouragés. Il est facile, je le reconnais, de partir à la défense d'idées généreuses, de plans vastes et nouveaux, tout en gagnant son pain quotidien, mais il faut aussi que dans la lutte qu'on entrevoit, soient prévus les accidents qu'on est à la veille de provoquer sur son chemin.

La guerre autrefois ne tenait nul compte des morts et des blessés ; tous gisaient ensemble sur le champ de bataille, que les troupes quittaient précipitamment, pour recommencer plus loin un nouveau carnage. On a mis fin à pareille incurie et nombreux sont ceux qui prétendent qu'on n'a pas fait assez. Qu'a fait la presse, elle qui prétend tenir les rênes de l'opinion publique ? A-t-elle exigé, avant d'entrer en campagne, que les mesures soient prises, pour que nul ne puisse en vain, réclamer aide et consolations ? Nullement, débrouillez-vous, répond-t-elle, cela ne nous regarde pas ; notre intervention n'aurait aucun effet.

Est-ce là le progrès ? Serait-ce vers cet idéal anti-chrétien, que nous désirons entraîner toutes les nations du globe ? Notre décadence serait-elle déjà telle, qu'il nous faudrait aller prendre des leçons d'astuce et de cruauté, chez les peuples les plus barbares de la terre ?

Plus de politiciens finards, de rois capitaines, de pontifes guerriers ; plus de désœuvrés, faisant sonner les écus en signe d'indépendance. Chacun à la tâche, pour un temps déterminé, aspirant au jour de la délivrance. Or, s'il est vrai, qu'un quart seulement des populations travaillent réellement, laissant aux autres le soin de les regarder faire, cette injustice doit disparaître, pour le bonheur de l'humanité.

Trop d'emplois, de professions, de métiers inutiles, de politiciens gênants, absorbant à leur tour une partie de l'activité sociale. Il faut que ces forces perdues concourent à la richesse publique et accroissent l'épargne. La spéculation effrénée, cause des plus grands désordres, l'origine de tant de guerres meurtrières, faiblit à son tour. Les souverains n'ont plus besoin, dès lors, de s'entendre entre eux, pour faire la part grosse à quelques privilégiés et les nations apaisées, cessent de s'entre tuer, au nom des dieux féroces, qui aux temps les plus reculés, présidaient à leur destinée.

Il faut que tout le monde y passe, sera la devise de l'humanité. Ces mots si terribles, qui sonnaient jadis comme un glas funèbre aux oreilles des malheureux, seront désormais une sentence de délivrance.

.

Oh ! vous qui me lisez, lecteur, si vous êtes père de famille surtout, que mes infortunes vous ouvrent les yeux. Dans l'intérêt de l'humanité tout entière, je vous le demande, voulez-vous faire de vos enfants, des dupeurs et des assermentés, incapables de porter secours à leurs voisins, ainsi que le veut cependant la religion sans artifices, dans laquelle vous les avez élevés. Voulez-vous qu'un jour, à leur tour, on leur arrache leur procuration à la dérobée, afin de les livrer aux mains d'autrui ?

Permettrez-vous que les politiciens leur disent avec autorité : Si vous ne prenez fait et cause pour l'un de nos drapeaux, vous aurez bientôt tout le monde sur le dos. Permettrez-vous, que grâce à cette dualité civile et religieuse, dont vous constatez chaque jour les pénibles conséquences, on exploite à leur tour ceux dont le bonheur vous est si cher ? Quand vous reposerez dans la tombe, ils jetteront peut-être un cri de détresse et vous ne serez plus là pour leur porter secours. Songez-y bien, cessez d'attacher la moindre importance à ces dénominations vieillotes de libéral et de clérical. La dualité rançonnière, qui préside à notre destinée, doit disparaître pour le bien de l'humanité.

Si j'élève la voix, c'est que non seulement mon cœur se révolte au souvenir de toutes les ignominies dont on m'a abreuvé, mais que je désire encore que mes souffrances servent à en sauver d'autres, aussi aveuglés que je ne l'étais sur notre destinée.

L'école moderne, nous amène dans des voies plus pratiques ; exigeons que le travail quotidien auquel nous souscrivons, soit aussi la tâche de tous. Exigeons que, quels que soient ceux qui nous gouve   t, ils s'engagent à supprimer tout ce qui contribue à .   · notre avenir incertain. Refusons de nous soumettre à   croyance absurde que nous avons le secret de la perfection et que ce qui se fait chez nous, est toujours meilleur que ce qui se fait à l'étranger. Élevés à d'autres écoles d'activité et d'instruction, nos voisins peuvent nous donner de sages exemples à suivre et qu'il nous faut sans retard imiter, si nous ne voulons nous placer à un rang inférieur.

Quoi que nous fassions chez nous, nos efforts ne peuvent nous sauver, si nous ne tendons une main fraternelle au delà de nos frontières. Inutile de faire des économies, d'accumuler sou par sou des fonds de réserve, si le voisin moins prévoyant, peut recourir à la force et nous enlever ce que nous possédons. Les traités, l'histoire nous l'apprend, n'ont de valeur que lorsque la guerre sommeille. Une fois les armes à la main, les peuples retournent à la barbarie, et c'est en vain qu'on en impose aux monarques avec de vieux parchemins. Aux époques les plus troublées, ils ne doivent leur propre salut qu'à de pénibles concessions et c'est vainement qu'ils chercheraient alors à faire respecter d'anciens engagements. La nécessité seule nous ferme à tous la bouche et nulle force humaine ne songea jamais à s'opposer à l'impétuosité des flots.

Quand les peuples eux-mêmes, se seront donné la main et auront dicté leur volonté ; quand une dernière fois, ils auront prononcé ces mots terribles : Assez d'abus, il faut que cela finisse ; alors seulement il nous sera possible de travailler pour le bonheur de tous.

Que faut-il faire entretemps ? tout d'abord, empêcher la guerre, et, à cette fin faire en sorte qu'elle soit impossible. Qui pourrait nier. que si tous les peuples prenaient l'engagement de tomber tous ensemble sur le premier qui bougerait, la guerre aurait vécu ? Mais comment former ce pacte ? comment obliger les nations à souscrire à pareil engagement. Le moyen est radical, j'en conviens, mais je n'en connais pas d'autre. Aussi longtemps qu'il faudra recourir à la politique pour éviter les conflits, ils ne peuvent que s'accumuler dans la suite. Car, si nous savons que c'est à la guerre que les malins ont jusqu'à ce jour réclamé leurs ressources, nous savons aussi, que les armes n'ont jamais fait défaut aux peuples opprimés.

Plus l'instruction s'étend, plus les revendications s'accroissent, les appétits s'aiguisent. Il faudra bientôt, sans organisation meilleure, sans justice plus intègre et plus rapide, sacrifier toute notre existence, à défendre nos intérêts sans cesse compromis. Le travail déjà si rude aujourd'hui, se compliquera de luttes plus ardentes encore, où s'épuiseront nos forces et se perdront nos vertus ; car, il serait insensé, de prétendre imposer à l'homme, tous les sacrifices et toutes les injustices, au nom d'une humanité, dont quelques uns prétendent abuser.

Nous reverrions de la sorte renaître l'esclavage, sous un tout autre jour et succéder à une œuvre de régénération les plus abominables horreurs.

Vous tous qui chérissez vos enfants, songez au sort qui les attend, si vous ne vous associez à cette œuvre fraternelle de l'entente universelle. Elle est moins un mythe, que les programmes toujours mobiles, de ceux à qui vous accordez chaque jour vos suffrages. La politique, n'est qu'un acheminement vers toutes les abominations, l'histoire nous l'apprend. Elle nous attire par ses faveurs, nous berne aussi longtemps qu'elle peut utiliser nos services et nous abandonne enfin, au bord de la tombe, quand d'autres intérêts l'appellent ailleurs.

Songez au chemin parcouru depuis des siècles ; ce n'est plus le fouet à la main qu'on vous mène au travail ; ce n'est plus sur le bûcher que vous allez expier le crime de penser autrement que votre voisin. Nos pères, il est vrai, ont versé leur sang pour nous léguer ces faveurs, mais n'oublions pas, que s'il faut encore de grands sacrifices pour achever leur œuvre, ce n'est plus aux mêmes moyens qu'il nous faut recourir. Les souffrances que nous endurons, nos voisins les déplorent aussi. Ils seront les premiers à se joindre à nous pour les adoucir. C'est donc en frères, et non en ennemis, qu'il nous faut aller à eux. Cependant, n'oubliez pas, que la base même de notre organisation sociale tend à nous désunir et que c'est toujours à la guerre qu'on entraine vos fils. Dans leur enfance, vous n'avez assez d'affection pour eux. Le moindre faux pas, vous fait craindre pour leurs jours. Quand à force de sacrifices, vous les voyez enfin vigoureux, robustes, tout préparés pour les luttes de l'existence, au nom d'une sotte rivalité on vient vous les réclamer pour les im moler sur les champs de bataille.

Protestez donc tous, contre pareille iniquité, pendant qu'il en est temps encore et que de puissants souverains vous prêtent leur concours. A quelque nation qu'ils appartiennent, les gens généreux sont nos frères. Allez à eux. Priez-les de joindre leurs efforts aux vôtres, pour écarter de dessus nos têtes, le glève toujours prêt à nous assommer. Ne perdez pas de temps, soyez actifs et faites que le siècle qui commence, cimente cette entente universelle, pour la gloire de l'humanité.